명탐정 코난처럼 생각하라

명탐정 코난처럼 생각하라

코난의 사건 해결 사례로 익히는 맥킨지식 로지컬 씽킹

우에노 쓰요시 지음 | 안선주 옮김

POLICE LINES DO NOT CROSS
POLICE LINES DO NOT CROSS

현익출판

추천의 말

　인공지능, 빅 데이터, 로봇, IoT 등 현재 우리를 둘러싼 상황은 맹렬한 속도로 변화하고 있습니다. 매일매일 놀라운 일들이 벌어지고 있으며, 기술은 멈출 줄 모르고 계속해서 진화하고 있죠.

　그러나 적어도 당분간은 이러한 기술을 이용하여 '어떤 문제에 대처해야 하는가?', '왜 그 문제에 대처해야 하는가?'와 같은 가장 기본적인 물음은 오직 인간만이 할 수 있을 것 같습니다.

　바야흐로 인공지능의 시대를 맞이하여 기본으로 돌아가(back to basics) '적절한 물음'과 '적절한 가설을 설정'할 수 있는 논리 사고력의 단련이 더욱더 중요해지고 있습니다.

　일본 최대의 비즈니스 스쿨인 글로비스 경영대학원(MBA)에서 가장 많은 학생이 수강한 과목이 바로 이 책의 토대가 된 '크리티컬 씽킹'이라는 논리 사고력을 향상시키는 수업입니다.

　지금부터 펼쳐질 100세 시대에는 세상의 변화에 따라 늘 새로운 것을 배워나가야 합니다. 이 책이 여러분이 스스로 기반을 다져나가는 데 조금이나마 도움이 되길 진심으로 기원합니다.

다쿠보 요시히코(글로비스 경영대학원 연구과장)

시작하며
인생의 무기가 되는 로지컬 씽킹

"그래서 대체 무슨 말이 하고 싶은 거야?"

많은 사람이 직장에서 한 번쯤 이런 말을 들어본 적이 있을 것입니다. 자신은 논리정연하게 이야기했다고 생각했는데, 주위 사람들은 도무지 이해가 안 된다는 듯한 표정을 짓고 있진 않았나요? 프레젠테이션에서 열변을 토했는데 반응이 영 신통치 않았나요?

업무를 하다 보면 체계적인 설명으로 상대방을 납득시켜야 하는 일이 자주 일어납니다. 회의 자리에서, 혹은 미팅 자리에서 누군가를 설득하지 못하면 일이 더 이상 진행되지 않고 제자리걸음을 하는 경우도 많죠.

이때 필요한 것이 바로 '로지컬 씽킹(Logical Thinking)'입니다. 로지컬 씽킹이란, 다양한 정보를 근거로 해석하여 결론을 이끌어내는 사고법을 말합니다. 이를 제대로 활용하면 자신의 주장을 군더더기 없이 깔끔하게 정리할 수 있어 상대방이 이해하기 쉽고, 설득력 있게 메시지를 전달할 수 있습니다.

'회사'라는 공간에서는 다양한 가치관과 다양한 성격을 지닌 사람들이 협력하여 일을 진행합니다. 따라서 자신의 의견을 전달할 때는 상대방이 납득할 만한 설명을 곁들여야만 합니다.

로지컬 씽킹은 경험에 의존하지 않는 사고법의 기본이자 업무의 질을 높이는 도구라고 할 수 있습니다.

그런데 안타깝게도 로지컬 씽킹을 쉽고 완벽하게 배우기란 결코 쉽지 않습니다. 여러분 중에는 로지컬 씽킹에 대해 들어본 적은 있지만 그것이 구체적으로 어떤 것인지, 어떻게 활용해야 하는지 잘 모르는 분도 있을 것입니다.

그런 분들을 위해 '업무에 꼭 필요한 이 스킬을 보다 쉽게 알려줄 수 있는 방법은 없을까?' 고민하게 되었고, 그 과정에서 〈명탐정 코난〉이라는 만화가 떠올랐습니다. 영화, 만화책, 애니메이션 등으로 한 번쯤 보거나 들어본 적이 있을 것입니다.

〈명탐정 코난〉의 두드러진 특징 중 하나는 추리물이라는 것입니다.

"진실은 언제나 하나!"

이는 주인공 코난이 자주 사용하는 대사입니다. 진실을 밝히고, 진실에 다가가기 위해서는 논리적(로지컬)으로 생각하는(씽킹) 힘이 반드시 필요합니다.

저는 일본 최대의 비즈니스 스쿨인 글로비스 경영대학원

에서 '비즈니스에 필요한 것은 모두 만화에서 배운다'라는 주제로 연구를 하고 있습니다. 이 연구를 바탕으로 로지컬 씽킹의 기본을 알기 쉽게 담았습니다.

그렇다면 코난은 각종 사건을 해결할 때 어떻게 로지컬 씽킹을 활용했을까요? 누구에게나 친숙하고, 한 번쯤 읽거나 본 적이 있는 만화를 통해 비즈니스에 필요한 스킬을 배운다면 보다 쉽게 이해되고, 머릿속에 쏙쏙 들어오지 않을까요?

이 책은 로지컬 씽킹이라는 단어를 처음 접한 분들을 비롯하여, 이미 배웠지만 아직 충분히 활용하지 못하고 있는 분들을 위해 사고하는 방법을 5단계로 구분하여 정리했습니다. 기본이 되는 요점만 제대로 파악해도 충분히 실천할 수 있습니다.

우선 서장에서는 로지컬 씽킹이란 무엇인지 구체적으로 알아보도록 하겠습니다.

1장에서는 과제와 문제 해결의 시작인 논점이나 생각해야 할 테마, 즉 '이슈'를 설정하는 방법을, 2장에서는 주장/결론을 말하기 위해 생각해야 하는 포인트를 정리하는 '구조'를 만드는 방법에 관해 이야기합니다.

3장에서는 주장/결론을 이끌어내기 위한 가정의 답이 되는 '초기 가설'에 대해, 4장에서는 초기 가설이 옳은지 그른지를 검증하고 다른 가설은 없는지, 다면적인 관점에서 사고를 확장하여 새로운 주장/결론에 다가가는 방법을 알아보겠습니다.

그리고 마지막 5장에서는 지금까지 수집한 정보와 생각을 정리한 주장/결론의 도출 방법에 관해 안내합니다.

더불어 로지컬 씽킹을 배운 적인 있는 분들이 복습을 겸하여 다시 확인할 수 있도록 프레임워크를 비롯한, 자주 사용하는 전문 용어를 이해하기 쉽게 정리했습니다. 각 항목은 다음과 같이 구성되어 있습니다.

1. '언제, 어느 때 사용할까?'로 용도를 제시하고, 난이도, 실제로 자주 일어나는 업무 현장 사례를 제시한다.
2. 코난이 사건을 해결하는 키워드(대사)와 줄거리를 소개한다.
3. 만화 속에 그려진 구체적인 로지컬 씽킹의 사용 방법을 해설한다.

이 책을 만화와 함께 읽으면 이해가 보다 깊어지고 흥미가 유발되어 머릿속에 더욱 잘 들어올 것입니다. 시간 여유가 있다면 꼭 함께 읽어보길 추천합니다.

젊은 시절부터 경력을 쌓기 위한 무기를 갖추어야만 인생을 디자인하는 범위가 무한해집니다. 우리가 평생 사용할 수 있는 무기가 바로 로지컬 씽킹입니다.

부디 이 책을 읽고 실천으로 옮겨보길 바랍니다. 배우고, 사용하고, 돌아보면 몸에 익히는 속도가 배가 됩니다. 최강의 사고 도구인 로지컬 씽킹과 함께 자신의 라이프 스타일을 마음껏 그려나가 보세요.

자, 그럼 지금부터 코난과 함께 로지컬 씽킹의 문을 열어 봅시다.

우에노 쓰요시

로지컬 씽킹에 필요한 5단계

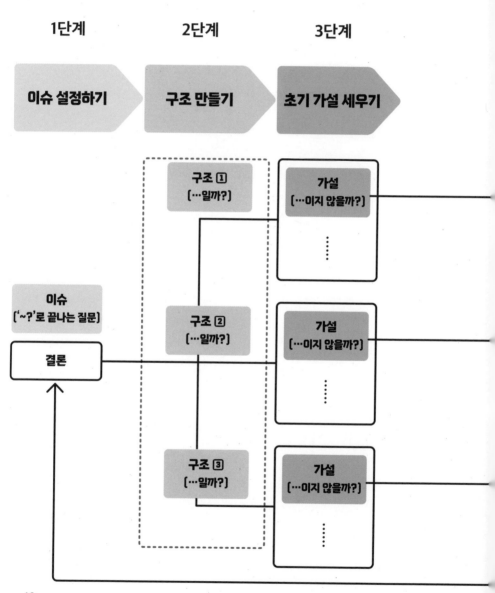

1단계

이슈 설정하기

2단계

구조 만들기

3단계

초기 가설 세우기

구조 ①
[…일까?]

가설
[…이지 않을까?]

이슈
['~?'로 끝나는 질문]

구조 ②
[…일까?]

가설
[…이지 않을까?]

결론

구조 ③
[…일까?]

가설
[…이지 않을까?]

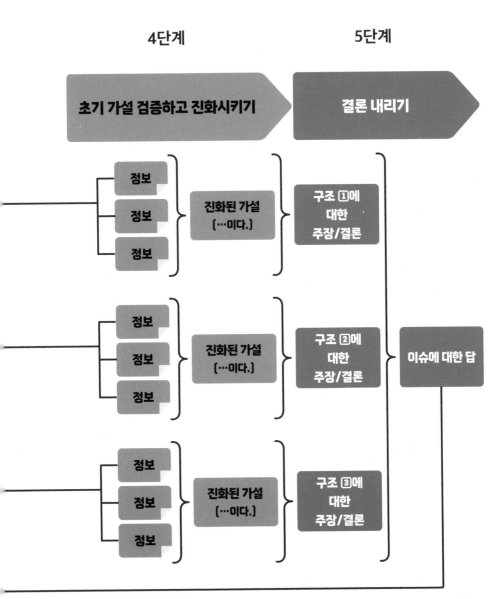

4단계

5단계

초기 가설 검증하고 진화시키기

결론 내리기

정보

정보

정보

진화된 가설
[···이다.]

구조 ①에
대한
주장/결론

정보

정보

정보

진화된 가설
[···이다.]

구조 ②에
대한
주장/결론

이슈에 대한 답

정보

정보

정보

진화된 가설
[···이다.]

구조 ③에
대한
주장/결론

차례

서장. 로지컬 씽킹이란

1장. 이슈 설정하기

2장. 구조 만들기

3장. 초기 가설 세우기

4장. 초기 가설 검증하고 진화시키기

5장. 결론 내리기

서장.
로지컬 씽킹이란

로지컬 씽킹을 활용하면
업무가 어떻게 달라질까

난이도★★☆☆☆

언제, 어느 때 사용할까?
- 지시를 받은 내용과 중요도에 의문이 들 때
- 문제 발견 능력을 향상시키고 싶을 때

여러분은 '로지컬 씽킹'이라고 하면 어떤 이미지가 떠오르나요? 직역하면 '논리적 사고'인데, 어떻게, 어떤 사고를 해야 논리적이라고 할 수 있을까요? 간단히 말하면 '어떠한 근거를 바탕으로 주장/결론을 이끌어내는 사고방식'이 바로 로지컬 씽킹입니다.

근거? 주장? 왠지 낯설게 느껴질 수도 있지만, 사실 우리가 평소에 알게 모르게 사용하는 사고방식입니다.

예를 들어볼까요? 쇼핑을 하던 중 한 옷가게에서 마음에

드는 옷을 발견했다면 분명 '사이즈가 맞는지 입어봐야겠다' 라고 생각할 것입니다. 이때 머릿속에서 일어난 사고의 흐름을 정리하면 다음과 같습니다.

마음에 드는 옷이 내게 잘 맞는지 구입하기 전에 확인해야 하므로 (근거)

↓

입어봐야겠다. (주장/결론)

이 근거와 주장/결론의 관계는 무리 없이 성립하여 누구나 납득할 수 있습니다. 이처럼 납득이 가는 근거를 바탕으로 주장/결론을 이끌어내는 사고방식이 바로 로지컬 씽킹입니다. 물론 맞는 옷을 구입하기 위해 입어보는 것은 당연한 일이라고 생각하는 사람도 있을 것입니다. 그 '당연함'을 비즈니스 현장에서 활용하면 도움이 되는 경우가 많습니다.

로지컬 씽킹을 습관화하면 두 가지 이점을 얻을 수 있습니다.

첫째, 다른 사람에게 자신의 생각을 전달하기가 수월해집니다. 전달하려는 정보나 내용을 정리하여 왜 그 주장/결론에 이르렀는지 보다 쉽게 설명할 수 있어 상대방의 이해를 도울 수 있습니다.

예를 들어 '점포별 매출을 그래프로 작성하라'라는 지시를 받았을 때와 '점포별 매출의 차이를 팀과 공유하기 위한 그래프로 작성하라'라는 지시를 받았을 때 느낌이 어떻게 달라질까요?

'그래프로 작성하라'라는 지시 내용이 같다 해도 '점포별 매출의 차이를 팀과 공유하기 위한'이라는 근거가 붙게 되면 업무의 중요도를 이해할 수 있을 뿐 아니라 무엇보다 업무 자체에 설득력이 실립니다.

로지컬 씽킹은 어디까지나 이야기의 흐름을 만들기 위한 스킬에 불과합니다. 그런데 이 스킬을 구사할 수 있게 되면 납득하기 어려운 지시를 받았을 때 '뭔가 불합리하다'와 같은 막연한 느낌이 아니라 '근거가 없다'거나 '이 근거를 바탕으로 그러한 주장을 이끌어내는 것은 타당하지 않다'와 같이 결점을 명확히 제시할 수 있어 결점에 대해 질문하거나 대안을 제시할 수도 있습니다.

둘째, 문제가 일어난 원인을 정리하여 해결로 나아갈 수 있습니다. 누구든 어떠한 문제나 과제와 마주하면 해결하지 못하고 고민하는 경우가 있습니다. 로지컬 씽킹을 습관화하면 '문제가 일어나는 원인은 무엇인가?'를 깊이 있게 생각할 수 있습니다. 원인이 명확해지면 다양한 관점에서 해결책을 찾을 수 있게 됩니다.

로지컬 씽킹은 평소에 의문을 품고 있는 사안이나 고민을 정리하여 해결의 길로 이끌어준다.

"그래, 개! '경찰' 하면 경찰견이지!"
모리 코고로(17권 FILE7~FILE9 〈도적단 비밀의 양옥집 사건〉)

탐정 모리 코고로는 의뢰인 형제에게 '돌아가신 할아버지가 살던 양옥집에서 일어나는 기묘한 일의 수수께끼를 풀어 달라'라는 내용의 편지를 받는다. 코고로는 자신의 딸인 란, 그리고 코난과 함께 현장을 찾아가 의뢰인 형제와 수수께끼를 풀어나간다.

집 안 구석구석에 시계가 있고, 유별나게 동물을 좋아해서인지 가구와 식기에도 동물 모양이 가득하다.

형제가 말한 기묘한 일은 매일 오전 11시가 되면 디지털시계의 알람이 울린다는 것이었다. 아날로그시계가 아닌 디지털

시계만 알람이 울린다는 것에 특별한 의미가 있기라도 한 것처럼 '11:00'를 가리키는 모든 디지털시계 표시 화면에는 0과 0 사이에 흠집이 나 있다. 일부러 '1100'이 아니라 '110'처럼 보이게 하려는 의도인 것 같다.

과연 '110'에는 어떤 의미가 숨어 있을까?

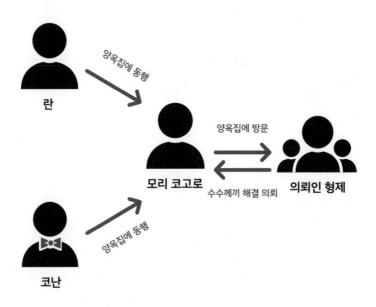

▶ '주장'과 '근거'를 의식하면 수상한 점이 보인다

코고로는 명탐정으로 유명하지만 코난의 추리에 의존하는 경우가 많습니다. 따라서 로지컬 씽킹이 주특기라 할 수 없죠. 하지만 의뢰를 받았으니 추리는 해야 합니다. 코고로는 양옥집 시계에 표시된 숫자인 '110'의 의미를 다음과 같이 추리합니다.

근거 ①: '110'은 경찰서 전화번호를 가리킨다.
근거 ②: '경찰' 하면 경찰견이 떠오른다.
↓
주장: 집 안에 있는 개 모양의 가구와 식기 등에 기묘한 일의 수수께끼를 풀어줄 힌트가 숨어 있다!

코고로는 자신이 추리한 바를 의뢰인 형제와 란에게 이야기합니다. 여러분이라면 그의 말에 따라 개 모양의 물건을 순순히 찾아 나서겠습니까?

그들은 코고로가 명탐정으로 알려져 있으니 그의 지시를 따르지만, 수수께끼는 조금도 풀릴 기미가 보이지 않습니다. 그러자 코고로는 이번에는 '11'이 줄무늬를 나타낸다는 추리를 내놓으며 얼룩말 모양의 물건을 찾으면 틀림없이 수수께끼가 풀릴 것이라고 이야기합니다. 하지만 형제는 더 이상 그의 억지스러운 추리를 납득할 수 없다고 반발하죠.

문제를 해결해야만 하는 현장의 리더는 한 가지 안을 제시할 때마다 다른 선택지를 검토하지 않고 넘어가면 혼란을 불러일으킬 수 있습니다.

'110'이라는 숫자를 전화번호로 볼 것인지, 동물 모양으로 볼 것인지, 의미를 나타내는 단어로 이해할 것인지 해석의 방법만 해도 여러 가지입니다. 그런데 코고로는 '110'과 '11'이라는 정보를 단정 짓듯 해석하고, 그것을 근거로 삼아 수수께끼를 풀어줄 힌트가 숨어 있다고 주장하죠.

언뜻 근거와 주장의 관계가 성립하는 것처럼 보이지만, 제시된 근거 자체를 이해하기 어렵습니다. 결국 '110'이라는 암호는 특정 동물과 아무런 관련이 없었고, 그 수수께끼도 코난이 풀게 됩니다.

▶ 로지컬 씽킹, 일과 인간관계에 도움을 주는 만능 스킬

코고로만큼 극단적인 경우는 아니더라도, 만약 여러분이 다른 사람의 이야기에 거부감을 느낀다면 그 이야기에 억지스러운 근거와 주장이 포함되어 있을 수도 있습니다. 혹은 주장 자체는 설득력이 있다 해도 그 주장을 펼치는 근거가 적절하지 않아 받아들이기 어려웠을 수도 있습니다.

로지컬 씽킹은 주장과 근거의 관계를 의식하여 억지스러운 해석을 하지 않고 과제의 원인과 해결책을 찾아줍니다. 이 말은 곧, 로지컬 씽킹을 활용하지 못하면 주위 사람이 여러분의 주장과 결론을 이해하지 못하거나 납득하지 못한 나머지 필요한 협력을 얻지 못할 수도 있고, 심지어 불신을 야기할 수도 있다는 뜻입니다.

상사나 부하, 동료와 의견이 엇갈릴 때 감정적으로 대응하지 않고 서로의 주장을 논리적으로 정리하면 보다 원활하게 소통해나갈 수 있습니다. 또한 일이나 인간관계에서도 문제를 일으키거나 악화시키는 일을 피할 수 있죠. 평소에 사소한 결정을 내릴 때 주장과 근거를 명확히 제시하는 연습을 하면 큰 도움이 됩니다.

로지컬 씽킹은 평소에 '주장'과 '근거'의 관계를 의식하는 과정을 통해 단련된다.

로지컬 씽킹에 효과적인 '두 가지 사고의 도구'

언제, 어느 때 사용할까?

■ 아이디어가 옳다는 사실을 증명하고 싶을 때
■ 조사에서 얻은 통계나 데이터를 활용할 때

업무를 할 때 다음과 같은 이야기를 하거나 들어본 적이 있나요?

① "빨간색으로 적힌 내용은 금기 사항이니 이 서류에 빨간색으로 적힌 내용도 금기 사항이겠지?"
② "인사부로 이동한 사람은 모두 부장이 되었어. 그러니 지난번에 인사부로 이동한 D씨도 언젠가 부장이 되겠지?"

본인은 자신이 로지컬 씽킹을 하고 있다는 생각을 하지 못하지만, 이러한 발언들에도 로지컬 씽킹이 깔려 있습니다.

로지컬 씽킹에는 다양한 기법이 있습니다. '로직 트리'나 'MECE'에 대해 한 번쯤 들어본 적이 있을 것입니다. 이 기법들은 경영 컨설턴트가 논리학을 응용하여 개발한 '사고의 도구'로 알려져 있는데, 앞서 예로 든 대화는 ① 연역적 사고법과 ② 귀납적 사고법이라는, 전통적인 두 가지 사고 도구를 기반으로 사용했습니다.

어딘가 낯설게 느껴지지만 실제로 우리는 일상생활에서 로지컬 씽킹을 사용하고 있는 것입니다. 코난도 마찬가지입니다. 사건 현장에서 이 두 가지 사고 도구를 자주 사용하죠.

STORY ▶

"붙인 흔적이 있잖아! 정말로 소중히 사용한 거야?"
쿠도 신이치(34권 FILE11~FILE35 〈쿠도 신이치 뉴욕의 사건〉)

쿠도 신이치가 코난이 되기 전, 신이치는 뉴욕에서 엄마이자 배우인 유키코, 그리고 란과 함께 뮤지컬을 보러 간다. 유키코의 친구이자 배우인 샤론은 막이 오르기 전에 리라, 아카네, 로즈가 있는 배우 분장실로 신이치 일행을 초대한다. 그들은 톱스타인 히스와도 인사를 나누고 무대를 구경한다. 무대 양

끝에는 수호신으로 소중히 다루는 대형 거울이 놓여 있다.

그 사이 극단으로 수상한 물건이 배달되고, 무대 양 끝에 매달린 수납장에서 갑자기 갑옷이 떨어지는 등 불길한 징조의 일들이 일어난다.

잠시 뒤 공연의 막이 오른다. 공연을 보던 신이치 일행은 거울을 이용한 거대한 무대 장치 안에서 히스가 연기하는 가난한 귀족의 정체가 밝혀지는 클라이맥스 장면이 펼쳐질 때 총에 맞아 살해된 히스를 목격하게 된다.

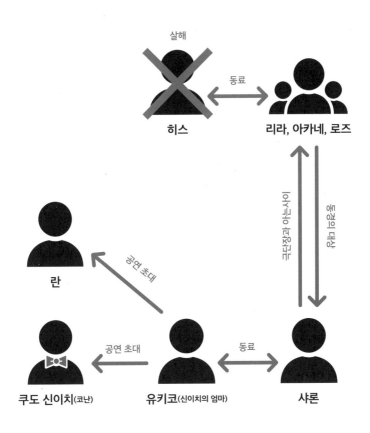

살해

히스 ←—동료—→ 리라, 아카네, 로즈

란

공연 초대

쿠도 신이치(코난) ←—공연 초대— 유키코(신이치의 엄마) ←—동료—→ 샤론

도쿄의 관광지

동경의 대상

▶ 사건 현장에 적용할 수 있는 연역적 사고법

이 사건은 190센티미터가 넘는 대형 거울이 중요한 포인트 중 하나입니다. 범인은 누구나 할 법한 추리를 역으로 이용하여 실제로는 190센티미터가 되지 않는 거울의 크기를 그 이상처럼 보이도록 착각을 유도했습니다(그림 1).

먼저 사건과 관련된 정보를 정리해봅시다.

● 이미 알려진 정보(전제 · 일반론 · 규칙)

→ 대형 거울은 극단의 수호신으로 소중히 다루어졌으므로 누군가가 흠집을 내거나 가공한 적이 없다.

→ 대형 거울은 무대 위에 직접 설치되도록 설계되었다.

→ 히스는 무대 장치 때문에 몸을 굽힐 수 없어 똑바로 서 있었다.

● 새로운 정보

→ 사건 발생 시 키가 약 190센티미터인 히스는 거울에 가려져 있었다.

◎ 도출된 결론

거울의 크기는 190센티미터 이상이다.

그림 1

이미 알려진 정보(전제 · 일반론 · 규칙)

누군가가 거울에 흠집을 낸 적이 없다.	거울은 무대 위에 직접 설치되어 있다.	히스는 똑바로 서 있었다.

+

새로운 정보

사건 발생 시 키가 약 190센티미터인 히스는 거울에 가려져 있었다.

도출된 결론

거울의 크기는 190센티미터가 넘는다.

사건을 파헤치던 신이치는 키가 약 160센티미터인 란과 거울의 크기가 비슷하다는 사실을 알아차립니다. 신이치 일행은 거울이 극단에서 매우 소중한 존재라는 이야기를 들었기 때문에 이 스토리의 대사처럼 의문을 품게 됩니다. 거울의 크기를 다시 검증하는 계기가 되었죠. 실제로 거울의 크기를 재보았더니 190센티미터가 되지 않았습니다.

어째서 극단에서 소중한 존재로 다루어져온 거울이 가공되어 190센티미터 이하가 되었을까요? 신이치는 거울이 190센티미터가 넘는다는 인식의 근거가 된 정보를 밝혀내 진위를 검증함으로써 거울이 짧아진 원인을 재빨리 파악할 수 있었습니다.

이미 깔려 있는 전제나 규칙에 새롭게 확보한 정보를 대입하여 결론을 이끌어내는 방법을 '연역적 사고법'이라고 합니다. 앞서 예로 든 '빨간색으로 적힌 내용은 금기 사항이니 이 서류에 빨간색으로 적힌 내용도 금기 사항이겠지?'의 경우, 다음의 근거를 바탕으로 주장/결론이 도출된 것입니다.

● 이미 알려진 정보(전제 · 일반론 · 규칙)

→ 사내에서는 금기 사항을 빨간색으로 적는다는 규칙이 있다.

● 새로운 정보

→ 지금 보고 있는 서류에 빨간색으로 적힌 정보가 있다.

◎ 도출된 결론

→ 지금 보고 있는 정보는 금기 사항이다.

▶ 연역적 사고법 전개 시 주의할 점

이번 사건에서 관계자들도 속았던 것처럼 전제로 되어 있는 정보가 애초에 틀렸을 경우 연역적 사고의 흐름이 올바르더라도 잘못된 결론을 도출할 수 있습니다. 따라서 연역적 사고법을 전개하는 경우에는 사고의 바탕이 되는 정보가 옳은지 하나하나 꼼꼼하게 확인할 필요가 있습니다.

▶ 사건 현장에 적용할 수 있는 귀납적 사고법

사실 이 사건에는 또 한 가지 중요한 열쇠가 되는 정보가 숨어 있습니다. 처음에는 이 사건의 범인을 극단과는 관련이 없는 제3자라고 추측했습니다. 하필 다음과 같은 상황들이 함께 벌어졌기 때문입니다(그림 2).

상황 ①: 공연의 줄거리를 빗댄 수상한 물건이 익명으로 극단에 보내졌다.

상황 ②: 무대가 잘 보이지 않아 평소에는 잘 팔리지 않는 자리를 1개월 전에 얼굴을 가리고 예매한 수상한 인물이 있다(그리고 그 자리는 사건 발생 시 발포 위치로 추측된다).

상황 ③: 공연 당일 아무도 없는 곳에서 갑옷이 떨어졌다.

그림 2

상황

❶ 극단으로 수상한 물건이
보내졌다.

❷ 평소에는 잘 팔리지 않는
자리를 얼굴을 가리고 예
매한 인물이 있다. 그 자
리는 사건 발생 시 발포
위치로 추측된다.

❸ 아무도 없는 곳에서 갑옷
이 떨어졌다.

상황에서 도출된 결론

수상한 제3자가 존재한다.

이러한 상황들이 연속적으로 벌어지자 현장에 있던 사람들은 '수상한 제3자가 존재한다'고 추측합니다. 하지만 이 상황들은 범인이 꾸며낸 함정이었습니다. 이처럼 여러 상황을 바탕으로 결론을 도출하는 방법을 '귀납적 사고법'이라고 합니다.

앞서 예로 든 '인사부로 이동한 사람은 모두 부장이 되었어. 그러니 지난번에 인사부로 이동한 D씨도 언젠가 부장이 되겠지?'의 경우, 다음 세 가지 상황을 근거로 주장/결론이 도출된 것입니다.

상황 ①: 예전에 인사부로 이동한 A씨는 영업부 부장이 되었다.

상황 ②: 예전에 인사부로 이동한 B씨는 마케팅부 부장이 되었다.

상황 ③: 예전에 인사부로 이동한 C씨는 정보시스템부 부장이 되었다.

↓

상황에서 도출된 결론: 지난번에 인사부로 이동한 D씨도 언젠가 부장이 될 것이다.

▶ 귀납적 사고법 전개 시 주의할 점

이번 사건에서는 범인이 놓은 덫에 제대로 걸려 관계자들이 잘못된 방향으로 추측을 이어나갔습니다. 관계자들이 전개한 귀납적 사고법의 흐름에는 문제가 없었지만, 정보 하나하나는 범인이 꾸며낸 것이었습니다. 그로 인해 사실과 다른 결론을 도출하게 되었죠. 귀납적 사고법을 전개할 때도 연역적 사고법과 마찬가지로 근거가 되는 정보가 애초에 옳은지 검증해보는 과정이 반드시 필요합니다.

> 우리는 일상에서 알게 모르게 연역적 사고법과 귀납적 사고법을 사용하고 있다.

1장.
이슈 설정하기

행동에 앞서 '지금 무엇을 생각할 것인가?'를 설정하는 것이 중요한 이유

난이도★★★★☆

언제, 어느 때 사용할까?
- 새로운 프로젝트를 시작할 때
- 문제의 원인을 파악하고 싶을 때

현재 상황에 필요한 '적절한 생각'을 하기 위해서는 우선 무엇을 생각할 것인지 과제를 명확히 해야 합니다. 이때 '이슈(issue)'의 역할이 중요합니다. 이슈란, '지금 생각해서 결론을 내려야 하는 문제'를 말합니다.

예를 들어, 신제품 광고 웹사이트 제작을 담당하게 된 여러분이 웹사이트의 존재를 세상에 알리고 소개할 목적으로 SNS 계정을 만들려고 합니다. 이때 동료와 다음과 같은 주제로 대화를 나누었습니다.

- "어떤 내용을 언제 게시해야 많은 사람이 볼 수 있을까?"
- "과거에 실시한 프로젝트의 경우, SNS를 통해 방문자가 얼마나 유입되었을까?"

그런데 그들의 이야기를 듣고 있던 한 선배가 다음과 같은 의견을 제시했습니다.

- "제품 소개 웹사이트를 SNS를 통해 알고 싶어 하는 사람이 얼마나 있을까?"
- "한 번 사용하자고 SNS 계정까지 만들 필요가 있을까?"
- "보도자료나 전시회를 통해 자료를 배포하면 잠재 고객의 눈길을 더욱 끌 수 있지 않을까?"

여러분은 선배의 의견을 듣고도 여전히 SNS 계정을 만들 필요가 있다고 생각하나요? 어쩌면 '어떻게 해야 보다 많은 잠재 고객에게 신제품 정보를 전달할 수 있을지'를 먼저 생각하는 것이 근본적인 해결에 이르는 방법이 아닐까요?

이처럼 행동에 앞서 '지금 무엇을 생각할 것인가?', 즉 이슈를 설정하면 예상 밖의 실수나 시간 낭비를 줄일 수 있습니다.

'어쩌면… 아직 자살로 단정 짓지 않는 게 좋겠는데…….'
에도가와 코난(75권 FILE9~FILE11 〈웨딩 이브〉)

어느 날 밤, 모리 코고로와 란, 코난은 코고로의 고교 동창인 반바 라이타의 결혼식 전야 파티에 참석한다. 라이타의 약혼녀 카몬 하츠네는 코고로 일행과 이야기꽃을 피우다 결혼식 준비를 위해 네일숍에 간다며 잠시 자리를 비운다.

잠시 뒤, 파티장에 돌아올 시간이 된 하츠네에게 전화를 건 라이타는 그녀로부터 "잘 지내"라는 불길한 말을 듣는다. 그리고 갑자기 주차장에 세워진 하츠네의 차가 화염에 휩싸이고, 그 안에서 하네츠가 검게 그을린 주검으로 발견된다. 현장에 출동한 경찰은 하츠네의 손톱 밑에 남아 있는 피부 조직의 DNA와 라이타의 DNA가 거의 일치한다는 수사 보고를 받는다.

한편 그날 현장에는 라이타를 뒷조사하기 위해 하츠네가 고용한 탐정 아무로 토오루가 잠입해 있었고, 토오루는 자신을 약혼녀의 애인으로 오해한 라이타가 질투심을 억누르지 못해 하츠네를 살해했을 것이라고 추리하기 시작한다.

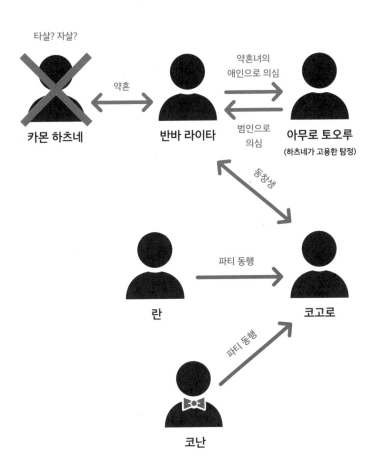

▶ 사건 현장의 이슈는 무엇인가

하츠네는 "잘 지내"라는, 자살을 암시하는 듯한 말을 남기고 세상을 떠났습니다. 라이타를 뒷조사하기 위해 고용된 탐정 토오루는 하츠네의 손톱 밑에 남아 있는 피부 조직이 라이타의 DNA와 거의 일치한다는 수사 보고를 근거로 자신을 약혼녀의 애인으로 오해한 라이타가 질투심에 사로잡혀 하츠네를 살해하려고 몸싸움을 벌이다 손톱에 긁힌 흔적일 것이라고 추리했습니다.

자, 여러분이 현장에 출동한 경찰이라면, 혹은 현장에 함께 있던 코난이라면 무엇을 생각해야 할 이슈로 설정하겠습니까? '하츠네는 왜 자살했는가?', '라이타는 어떻게 하츠네를 살해했는가?' 둘 중 어느 쪽인가요?

피부 조직의 DNA는 라이타의 DNA와 '거의' 일치하는 것이지 '완벽하게' 일치하는 것은 아닙니다. 어쩌면 전혀 다른 인물이 라이타의 피부 조직을 일부러 남겨 그를 살인범으로 몰아가려 했을 수도 있고, 하츠네가 바람기 있는 라이타를 원망하여 살인범으로 만들려고 했을 수도 있습니다.

눈앞에 보이는 정보 중에 쉽게 파악할 수 있는 정보를 근거로 이슈를 설정하면 이슈의 정확성이 불확실해집니다. 실제로 토오루가 설정한 이슈인 '라이타는 어떻게 하츠네를 살해했는가?'는 타당하지 않았습니다. 물론 토오루가 라이타를 살인범으로 몰아갈 이유는 없습니다. 그 상황에서는 라이타가 살인범이라고 추측하는 것이 타당하다고 여겼겠죠.

'라이타는 어떻게 하츠네를 살해했는가?'는 현장에서 눈에 띈 정보를 통해 쉽게 추측할 수 있는 이슈일 뿐, 당장 생각해야 하는 이슈는 '하츠네가 죽음에 이르게 된 진상'입니다. 구체적으로 '하츠네가 무엇 때문에, 어떻게 해서 죽음에 이르렀는지' 그 동기와 수법을 밝히는 이슈를 설정하면 하츠네가 죽음에 이르게 된 진상을 파악할 수 있을 것입니다. 따라서 이슈를 설정할 때는 눈앞에 보이는 정보만을 판단 재료로 삼고 있는 것은 아닌지 자문하고 꼼꼼하게 확인할 필요가 있습니다.

이 스토리의 대사는 코난이 사건을 추리하기 시작했을 때 머릿속으로 읊조린 대사입니다. 그는 일부 정보만 살펴본 상태였기에 살인 수법을 단정 짓지 않고 계속해서 정보를 모았습니다.

코난이 끈기 있게 진상을 파헤친 결과, 하츠네는 자살한 것이라는 비극적인 사실이 밝혀졌습니다. 만일 경찰이 토오루의 주장을 믿고 라이타를 경찰서로 데려갔다면 진상이 드러나기까지 오랜 시간이 걸렸을 것입니다.

▶ 되돌아보기를 통해 이슈 설정에 능숙해질 수 있다

실제 사건 현장에서는 정보가 대량으로 쏟아지기 때문에 '지금 내가 생각해야 할 것은 무엇인가?'와 같은 본질적인 이슈 파악에 집중하기가 상당히 어렵습니다.

무수한 정보를 다루어야 하는 상황은 비즈니스 현장에서도 흔히 마주하게 됩니다. 그런데 이슈가 빗나가면 이후에 아무리 오랜 시간을 들여 생각한다 해도 모두 허사가 될 가능성이 있습니다. 따라서 '지금 무엇을 생각할 것인가?', '이슈는 무엇인가?'를 의식하는 것이 무척이나 중요합니다.

처음에는 이슈를 설정하는 것이 다소 서툴더라도 '이번 일에서 무엇을 생각했어야 하는가?'를 되돌아보는 시간을 반복적으로 갖는다면 점차 능숙하게 이슈를 설정할 수 있게 될 것입니다. 그렇게 될 때까지 평소에 '이슈는 무엇인가?'를 의식적으로 생각할 필요가 있습니다.

이슈 설정이 빗나가면 문제 해결로 나아가는 길도 멀리 돌아가게 된다.

끊임없는 이슈 의식,
과제 해결로 나아가는 지름길

난이도★★★★☆

언제, 어느 때 사용할까?
- 프로젝트 상황이 급변할 때
- 정보가 많을 때

여러분의 제작팀이 새로운 전단지 디자인의 콘셉트를 정하기 위해 회의를 진행하고 있다고 가정합시다. 당연히 '전단지 디자인을 어떤 콘셉트로 정할지' 논의하겠죠. 그런데 팀원 중 한 사람이 제안한 하늘 사진을 계기로 '하늘 사진을 배경으로 전단지를 만들면 괜찮을 것 같다', '하늘 사진을 쓸 거라면 이 사진은 어떨까' 하는 식으로 팀원 모두 사진을 고르는 데만 집중한 나머지 결국 디자인 콘셉트를 정하자는 취지에서 벗어난 회의를 하고 말았습니다.

이처럼 본래 생각해야 하는 이슈를 알고 있어도 다양한

화제가 등장하면 자신도 모르게 본론에서 벗어나기 마련입니다. 결국 회의는 단순한 '잡담'에 지나지 않게 됩니다.

특히 회의나 브레인스토밍을 할 때는 이슈를 파악해두어야 합니다. 그 자리에 참석한 사람들이 '지금 생각해야 할 것(이슈)은 무엇인가?'를 공유하고 있으면 자칫 분산되기 쉬운 회의나 브레인스토밍을 적절한 방향으로 진행시켜 순조롭게 과제 해결로 나아갈 수 있습니다.

![STORY]

"맞지? 괴도 키드!"
에도가와 코난(91권 FILE4~FILE6 〈괴도 키드의 기계 장치 상자〉)

얼마 전에 남편을 잃은 토모요세 키미카는 스즈키 재벌의 스즈키 지로키치가 운영하는 스즈키 대도서관에 남편이 소장하고 있던 약 1만 권의 책을 기증하기로 한다. 그리고 그 대가로 수많은 책들 중 어딘가에 끼워 둔 메모를 찾아달라고 지로키치에게 부탁한다.
메모에는 키미카가 소중히 간직해온 비밀 상자를 여는 방법이 적혀 있다.

지로키치는 괴도 키드가 노리는 물건이 든 상자를 도서관에 전시하고 상자를 열도록 유도해 괴도 키드를 잡을 생각이다.

전시 당일, 지로키치의 초대를 받아 도서관으로 향한 '괴도 키드 킬러'인 코난 일행과 경찰은 괴도 키드가 등장하기만을 기다린다.

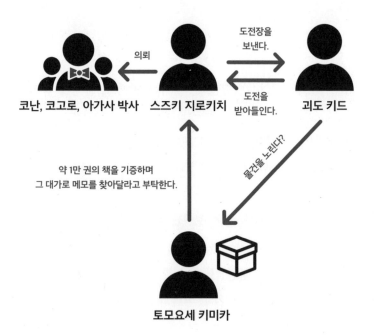

▶ 어떤 상황에서도 이슈에 집중한다

괴도 키드가 연관된 이번 사건의 이슈는 무엇일까요? 바로 '어떻게 해야 괴도 키드를 잡을 수 있을까?'입니다. 물건만 훔쳐 가지 않는다면 괴도 키드를 놓쳐도 상관없다고 생각할 수도 있겠지만, 앞으로 도난 우려를 불식시키려면 반드시 괴도 키드를 잡아야 했죠.

괴도 키드는 경찰과 코난의 눈을 피해 순식간에 상자를 열고 그 안에 들어 있던 물건을 훔칩니다. 그런데 실제로는 훔친 것처럼 보이게 했을 뿐 상자를 열지도, 물건을 훔치지도 않았습니다. 상자에 '물건은 내가 가져간다'라는 카드가 꽂혀 있었기 때문에 그곳에 있던 사람들은 괴도 키드가 짧은 순간에 물건을 훔쳤다고 단정 짓고 당혹스러워합니다.

사람들은 상자 속 물건을 도난당했다고 착각한 상황에서 '괴도 키드는 그 짧은 순간에 어떻게 상자를 열었을까?', '도난당한 상자 속 물건은 지금 어디에 있을까?'와 같이 이슈의 본질에서 벗어난 생각만 하게 되죠. 그러나 코난은 설령 상자 속 물건을 도난당했다 해도 '어떻게 하면 괴도 키드를 잡을 수 있을까?'를 이슈로 설정하고 계속해서 생각을 이어나 갑니다.

코난은 괴도 키드가 그동안 관련자로 변장하여 자신에게 유리한 상황을 만들어왔기 때문에 이번에도 관련자 중 누군 가로 변장했을 것이라고 추측하고 관련자들을 세심하게 관찰합니다. 그리고 아가사 박사가 붙이고 있던 반창고의 위치가 달라진 점, 아가사 박사가 그의 키로는 닿을 수 없는 곳의 책을 꺼낸 점 등을 증거로 들이밀며 아가사 박사로 변장한 괴도 키드를 몰아붙이죠.

이 스토리의 대사는 코난이 괴도 키드가 아가사 박사로 변장한 증거를 들이밀며 괴도 키드를 추궁할 때의 대사입니다.

▶ 이슈를 계속해서 의식하는 방법

코난처럼 어떤 상황에서도 흔들리지 않고 이슈를 계속해서 의식하기란 결코 쉽지 않습니다. 이럴 때는, 예를 들어 현장에서는 화이트보드나 메모지, 컴퓨터 등에 이슈를 적어두고 늘 이슈가 눈에 들어오게 하는 방법을 활용해보세요. 회의 중에 본론에서 벗어난다 해도 쉽게 이슈로 돌아갈 수 있습니다.

일을 하다 보면 프로젝트나 기획의 방향성이 변경되기도 하고, 새로운 방침이 생기기도 합니다. 우리는 그렇게 시시 각각 변화하는 상황 속에서 업무를 진행해야 합니다. 이러한 상황에서 눈앞의 변화에 휘둘려 원래 이슈가 아닌 방향으로 눈길이 가는 것을 '이슈 일탈'이라고 합니다. 앞서 예로 든 회의 상황도 이슈 일탈에 해당합니다.

'안건 수를 늘릴 수 있을까?'와 같은 이슈가 설정되어 있다면 '안건 수는 늘었지만 판매자에게 불리한 시장이라 새로운 인재를 채용하기 어렵다'거나 '6월에 대형 안건 2건을 수주할 예정이므로 5월 중에 대책을 마련해야 한다'와 같은 배경과 경위를 병기해두면 이슈의 중요성을 쉽게 파악할 수 있습니다. 만일 목적과 과제에서 벗어나더라도 이슈로 의식을 되돌리기가 수월해지죠.

- **이슈 일탈은 언제든 일어날 수 있다.**
- **늘 이슈를 의식하기 위한 방법이 필요하다.**

2장.
구조 만들기

구조란 무엇인가

난이도★★★★☆

언제, 어느 때 사용할까?
- **문제의 전체상을 파악할 때**
- **하나의 문제에 대해 보다 많은 해결책을 찾을 때**

어느 날 후배가 여러분에게 다가와 이렇게 물었다고 가정해봅시다.

"거래를 성사시키려면 고객맞춤형으로 구성하여 기능에 충실해야 할까요, 아니면 기능은 최소한으로 구성하고 가격을 낮추어야 할까요? 어느 쪽이 효과적일까요?"

이때 "당연히 고기능에 충실해야지!"라고 답한다면 후배는 어떻게 반응할까요? 틀림없이 그 이유를 물을 것입니다. 그럼 여러분은 제품에 대한 니즈, 가격, 대응력 등 다양한 포인트 중에서 무엇을 근거로 답(주장/결론)을 했는지 설명하며 후배를 이해시키기 위해 노력하겠죠.

이처럼 무언가를 주장할 때는 주장을 뒷받침하는 근거가 필요합니다. 근거가 없거나 부족하면 상대방은 이해도, 납득도 하지 못할 것입니다.

이 예시에서는 "제품에 대한 일반적인 니즈, 자사 제품의 강점, 경쟁사의 제안 예측 관점에서 살펴볼 때 고기능 제안이 효과적이야"라고 이유를 제시한다면 후배도 고개를 끄덕일 것입니다.

또한 후배도 여러분이 제시한 '제품에 대한 일반적인 니즈, 자사 제품의 강점, 경쟁사의 제안 예측'이라는 세 가지 관점을 검토하는 계기가 되겠죠. 혹은 자신의 생각을 발전시켜 세 가지 관점 중 하나는 '고객의 니즈를 충족시킬 수 있을까?' 대신 '경쟁사가 제안하는 가격보다 낮은 가격을 제시할 수 있을까?'로 거래 성사 포인트를 검토해볼 수도 있습니다. 여러분이 후배의 질문에 답하기 위해 생각한 포인트를 제시함으로써 여러분도, 후배도 고기능 제안이라는 주장/결론을 납득할 수 있을지 되짚어볼 수도 있습니다.

이처럼 이슈에 대한 주장/결론을 말하기 위해 생각해야 하는 포인트, 즉 근거를 정리한 것을 '구조'라고 합니다.

▶ 구조는 3개를 기준으로 만든다

구조를 만들지 않고 무조건 '고기능을 제안해야 한다'라는 결론만 제시하면 상대방에게 일방적이라는 느낌을 주게 되어 납득시키기가 어렵습니다. 상대방이 납득할 수 있는 결론을 제시하려면 상대방이 찾는 근거를 설명할 수 있는 구조가 필요합니다.

이때 상대방을 납득시키겠다는 이유로 구조를 너무 많이 만들어서는 안 됩니다. 구조가 너무 많으면 오히려 상대방의 이해를 방해할 수도 있죠. 구조는 3개를 기준으로 만드는 것이 가장 바람직합니다.

▶ 로직 트리로 머릿속을 정리하라

이슈를 설정했지만 결론을 내리기 위해 무엇을 조사해야 하는지, 그다음은 어디서부터 생각해야 하는지 도무지 감이 잡히지 않을 때도 있습니다. 앞서 제안을 검토하는 예시에서는 후배가 질문을 한 내용이 이슈입니다. 그리고 그 이슈에 대해 무엇을 생각해야 결론을 낼 수 있을지 고민했겠죠.

이슈를 설정한 후 구조가 될 만한 항목을 생각할 때 머릿속으로만 정리하려면 효율성이 떨어집니다. 그럴 때 편리하게 활용할 수 있는 사고의 도구가 바로 '로직 트리'입니다.

로직 트리란, 결론과 이를 뒷받침하는 근거를 나무 모양으로 나타낸 것을 말합니다. 이슈에 대한 결론을 아래에 적고, 그 근거(결론을 말하기 위해 생각해야 하는 포인트)를 우측에 적습니다. 바로 이러한 근거를 정리한 것이 '구조'입니다(그림 1).

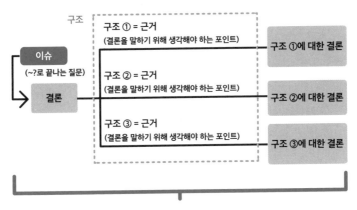

로직 트리를 활용하면 다음과 같은 두 가지 장점을 가지고 문제에 접근할 수 있습니다.

장점 1. 결론과 근거를 그림으로 표시하여 작성한 본인이 내용을 파악하기 쉽다.

로직 트리를 보면서 결론과 근거에 사고 비약이나 억지, 논점의 결여가 없는지 파악할 수 있습니다. 스스로 결론에 대한 근거에 확신이 있는 부분과 아직 애매한 부분을 확인할 수 있어 포괄적인 로직을 만들 수 있습니다.

장점 2. 상대방이 나의 사고를 이해하기 쉽다.

상대방이 로직 트리를 보고 사고의 전체상을 파악할 수 있으므로 동의하든 반대하든 이해를 바탕으로 논의를 진행할 수 있습니다. 머릿속에 떠올린 논리 전개를 나무 모양으로 그릴 수 있게 되면 이를 활용하여 보고서나 파워포인트 작성 등 다른 형식에 적용하기도 수월해집니다.

▶ 구조를 만드는 단계

자, 지금부터 로직 트리를 활용하여 구조를 만드는 예를 살펴봅시다.

개발 부문에 소속되어 있는 여러분의 부서에서 신기술을 활용한 제품을 개발했습니다. 그 제품을 시장에 투입하는 건에 대해 프레젠테이션을 실시한다면 어떤 방법으로 설명하겠습니까? 가령 신기술의 가치가 높다는 것을 전제로 한다면 [그림 2]와 같은 로직 트리로 납득시킬 수 있을까요?

그림 2

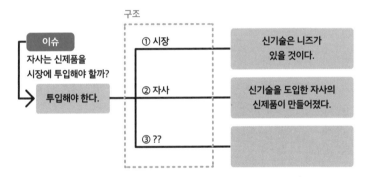

이 로직 트리를 제시하여 설명한다면 상사는 어떤 반응을 보일까요? 투입해야 한다는 결론에 대해 승인을 얻을 수 있을까요? 분명 고객의 니즈가 있는지, 제조 비용은 얼마인지, 생산 라인은 얼마나 필요한지, 경쟁사는 어디인지 등 다방면에 걸친 질문이 쏟아져 나올 것입니다.

왜 그럴까요? 결론이 틀려서가 아닙니다. 결론에 이른 근거에 상대방이 원하는 정보가 포함되어 있지 않기 때문입니다. 상대방에게 결론을 전달할 때는 결론에 이른 근거를 구조로 삼아 정리해야 합니다. 구조를 세울 때는 다음과 같이 세 단계로 실시합니다.

1단계: 이슈 설정하기

1장에서 설명한 것처럼 우선 '무엇을 생각할 것인가', 즉 이슈를 설정합니다. 이슈는 주어와 술어로 구성하여 문제를 명확히 하는 것이 중요합니다. 앞서 언급한 예시에서는 '자사는 신제품을 시장에 투입해야 할까?'가 이슈입니다.

2단계: 결론을 뒷받침하는 구조 만들기

다음으로 이슈를 해결하기 위한 포인트를 생각합니다. 다양한 관점에서 생각할 필요가 있으므로 우선 생각나는 대로 제시한 뒤 범위를 점점 좁혀나갑니다. 예를 들어, 다음과 같은 포인트를 생각해볼 수 있습니다.

- 시장의 니즈가 있는가. 있다면 규모가 어느 정도인가. 향후 발전 가능성이 있는가. 이 제품을 채택하는 포인트는 무엇인가.
- 자사에서 이 제품을 투입하면 자사의 다른 제품에 영향을

미치는가. 판매망은 있는가. 자사의 이익은 어느 정도로
예상되는가.
- 타사에 비슷한 제품이 있는가. 앞으로 시장에 진출할 것
인가.

3단계: 구조의 수준을 맞춰 집약하기

마지막으로 결론을 뒷받침하는 구조의 수준을 맞춥니다.
예를 들어 '시장의 니즈', '자사의 가격', '타사의 가격'과 같
은 구조라면 어떤 결론을 낼 수 있을까요? 이 경우에는 판매
망, 자사, 혹은 타사 제품의 품질 등 아직 더 제시해야 하는
내용이 포함되어야 합니다.

결론의 근거로 제시해야 할 내용을 포괄하려면 구조를 크
게 설정하는 것이 좋습니다. 앞서 이야기했듯 최종적으로 3
개 정도로 좁히고 집약해야 합니다. 앞서 언급한 예시에서는
2단계에서 이슈를 해결하기 위한 포인트의 범위를 좁혔습니
다. 이 중에서 '시장', '자사', '경쟁사' 3개로 구조를 집약합
니다(그림 3).

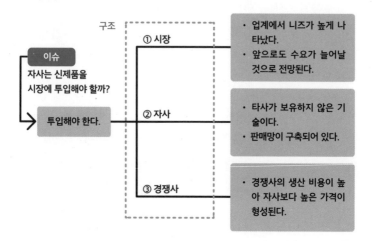

그림 3

구조

① 시장
- 업계에서 니즈가 높게 나타났다.
- 앞으로도 수요가 늘어날 것으로 전망된다.

이슈

자사는 신제품을 시장에 투입해야 할까?

투입해야 한다.

② 자사
- 타사가 보유하지 않은 기술이다.
- 판매망이 구축되어 있다.

③ 경쟁사
- 경쟁사의 생산 비용이 높아 자사보다 높은 가격이 형성된다.

이와 같이 로직 트리를 활용하여 구조를 만들 수 있게 되면 상대방도, 자신도 충분히 납득할 수 있는 상황에서 정확하고 빠르게 과제를 해결해나갈 수 있습니다.

"퍼즐이 풀렸어!"
에도가와 코난(1권 FILE6~FILE9 〈아이돌 밀실 살인 사건〉)

어느 날 코고로의 사무소에 아이돌 오키노 요코와 매니저 야마기시 에이이치가 찾아와 요즘 계속 각종 사건이 일어나고 있다며 스토커 조사를 의뢰한다. 요코의 열성 팬이었던 코고로는 흔쾌히 의뢰를 수락한다.

얼마 후 코고로는 코난, 란과 함께 의뢰인인 요코의 아파트에서 한 남자의 시신을 발견한다. 피해자는 요코의 전 남자친구인 후지에 아키요시였다. 그는 등에 칼을 찔려 즉사한 상태였다.

한편 25층에 있는 요코의 집은 창문에 열쇠가 걸려 있어 외부에서 침입하기가 사실상 불가능하다. 게다가 흉기로 사용된 칼에는 요코의 지문만 묻어 있어 경찰은 그를 범인으로 의심하고 있다. 하지만 코난은 피해자가 손에 머리카락을 움켜쥐고 있었던 점과 시신 주위에 물방울이 떨어져 있었던 점을 이상하게 생각한다.

과연 요코가 범인일까? 코난은 사건의 진상을 밝히기 위해 필요한 정보를 하나하나 수집해나간다.

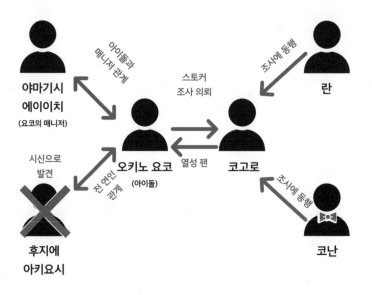

▶ 코난의 추리가 늘 설득력 있는 이유

〈아이돌 밀실 살인 사건〉에서는 요코의 집에서 시신이 발견됩니다. 처음에 코난은 '이 사건은 어떻게 해서 일어났을까?'를 이슈로 설정하고 추리를 진행합니다.

그리고 이슈를 해결하는 실마리는 무엇인지, 무엇을 생각해야 하는지 세 가지 구조를 만듭니다. 특히 등에 칼을 찔린 피해자가 어떻게 머리카락을 움켜쥘 수 있었는지가 포인트가 될 것 같습니다. 보통은 뒤에서 공격을 받으면 상대방의 머리카락을 잡기 어렵기 때문이죠.

코난이 생각한 구조를 로직 트리로 나타내면 [그림 4]와
같습니다.

그림 4

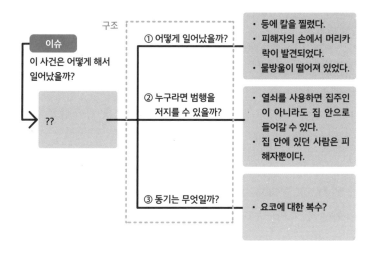

▶ 구조를 만들지 못하면 문제를 해결할 수 없다

한편 코고로는 아파트 비상용 열쇠를 가지고 있던 매니저가 범인이라고 단정 짓습니다. 그런데 사실 이 사건의 피해자인 후지에 아키요시는 타살이 아닌 자살이었습니다. 머리카락을 움켜쥔 상태로 자살하여 칼에 찔린 것처럼 보이게 한 것이죠. 코고로는 그 사실을 알아차리지 못하고 감쪽같이 속았습니다.

그렇다면 왜 이러한 판단 실수가 일어난 걸까요? 결론을 낼 때 자신이 받아들이기 편리한 정보에만 치중하여 구조를 세웠기 때문입니다.

앞서 이야기했듯 코고로는 요코의 열성 팬이었습니다. 스토커에게 피해를 당한 요코가 안쓰러운 마음에 범인을 잡아 요코의 환심을 얻고 싶었을 것입니다. 그러다 보니 추리를 할 때 요코는 피해자이지 범인일 리 없다고 확신했죠. 코고로는 머릿속으로 [그림 5]와 같은 로직 트리를 그렸습니다.

그림 5

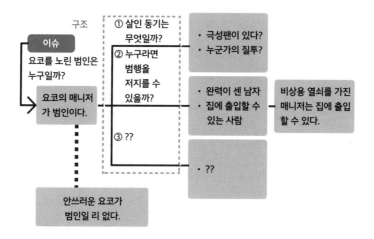

코고로는 매니저가 남자이고 요코의 집 열쇠를 가지고 있었기 때문에 집 안으로 들어갈 수 있다는 표층적인 현상에 얽매인 나머지 생각해야 할 요소를 고려하지 못하고 결론을 냈습니다. 구조를 올바르게 만들지 못한 것이 원인이었죠. 반면 코난이 수많은 정보에 휘둘리지 않고 결론을 낼 수 있었던 것은 상황을 정리한 후에 구조를 올바르게 만들었기 때문입니다.

이러한 상황은 비즈니스 현장에서도 자주 일어납니다. 예를 들어 제조 라인에서 작업 실수가 증가하고 있다는 사실을 알게 되었다고 가정합시다. 이 경우 '원인은 직원 교육 부족'이라고 판단하고 단순히 교육 시간을 늘려 개선할 수 있다고 생각하기 쉽습니다. 하지만 그렇게 단순한 문제가 아닐 수도 있습니다. 실제로는 복잡한 매뉴얼이 실수를 초래한 원인일 수도 있죠. 원인을 제대로 파악하지 못하면 교육 시간을 늘린다고 해도 실수는 줄어들지 않습니다.

이처럼 구조를 만들고 다른 문제가 없는지 검토하는 과정에서 진짜 원인을 찾을 수 있습니다. 무작정 결론을 내리지 말고 먼저 확실한 구조를 만들어보세요.

모든 관점에서 충분히 납득할 수 있는 결론을 내리려면 구조를 제대로 만드는 것이 중요하다.

비즈니스 현장에서
기존의 구조 활용하기

언제, 어느 때 사용할까?
- 우려나 불안 요소를 명확히 할 때
- 기존의 아이디어를 재활용할 때

앞서 로직 트리와 구조의 중요성에 대해 설명한 바와 같이 이슈에 답하기 위한 구조를 만드는 작업은 실제로 매우 까다로운 두뇌 회전이 필요합니다. 여기서는 구조를 만드는 데 도움이 되는 사고에 대해 이야기해볼까 합니다.

여러분은 '비즈니스 프레임워크'에 대해 들어본 적이 있나요? 비즈니스 프레임워크란, 현황을 분석하고 과제를 추출하는 기법을 말합니다. 합리적이고 효율적으로 누구나 이해할 수 있는 형태로 작업을 진행하기 위해 컨설턴트와 경영자가 고안한 사고의 틀이죠. 이 기법은 다양한 실무 상황과 비즈니스 도서를 통해 접할 수 있습니다. 대표적인 프레임워크로는 사업 분석에 활용하는 3C와 마케팅 전략을 분석하는 4P 등을 들 수 있습니다.

여기서는 알아두면 도움이 되는 대표적인 비즈니스 프레임워크 세 가지를 간략하게 소개하겠습니다. 기본을 파악해두기만 해도 효율적으로 구조를 만들 수 있을 것입니다.

구조를 만들 때는 처음부터 스스로 생각하는 것도 중요하지만, 비즈니스 현장처럼 특히 신속한 처리가 필요한 상황에서는 기존에 사용한 비즈니스 프레임워크를 다시 활용하는 방안을 검토해보는 것도 좋은 방법입니다. 적절히 활용할 수 있다면 구조를 만드는 시간을 단축하여 신속하게 과제 해결을 추진할 수 있습니다.

- **3C**(Customer: 고객, Company: 자사, Competitor: 경쟁사)
  → 자사의 사업 환경을 분석할 때 유용하다.

- **4P**(Product: 제품, Price: 가격, Place: 판매처, Promotion: 판촉)
  → 마케팅 전략을 수립하고 분석할 때 유용하다.

- **AMTUL모델**(Awareness: 인지하다, Memory: 기억하다, Trial:

테스트하다, Usage: 반복 사용하다, Loyalty: 충성 고객이 되다)

→ 고객의 구매 행동 프로세스를 분석할 때 유용하다.

이 세 가지는 실제 비즈니스 현장에서 자주 사용되는 대표적인 프레임워크입니다. 여러분의 업무에서 사용할 수 있는 기법인지 살펴보고 나만의 사고 도구로 삼아보세요.

▶ 비즈니스 프레임워크 활용 시 주의할 점

무엇보다 과제 해결과 관련성이 짙은 비즈니스 프레임워크를 선별하는 것이 중요합니다. 예를 들어 '신사업에 뛰어들어야 할까?'라는 이슈에 대해 생각할 때는 무엇을 제시해야 하는지, 어떤 프레임워크를 사용해야 하는지 생각해볼 필요가 있습니다.

다만, 비즈니스 프레임워크는 언제나 사용할 수 있는 것이 아닙니다. 해당하는 비즈니스 프레임워크를 찾는다 해도 적용할 수 없는 경우가 있습니다. 그럴 때는 여러분 스스로 프레임워크를 만들어야 합니다.

이때 사용할 수 있는 사고가 '분해'입니다. 분해란, 전체를 요소별로 잘게 나누는 것을 말합니다. 큰 문제를 세분화하면 각각의 문제를 다루기 쉬울 뿐만 아니라 각기 다른 관점에서 문제를 분석할 수도 있습니다.

분해 방법은 다음과 같이 네 가지로 나눌 수 있습니다.

① 층별 분해(그림 6)

전체를 여러 집합으로 분해하는 방법입니다. 구성 요소를 더하면 전체가 됩니다. 예를 들어 컴퓨터 매출을 층별 분해하는 경우 매출이 동일하다 해도 모델별, 판매 채널별로 분해할 수 있습니다. 다른 관점에서 매출을 분해하면 어떤 모델과 어느 채널의 매출을 강화해야 하는지, 혹은 매출이 감소했는지 등을 쉽게 파악할 수 있습니다.

그림 6

컴퓨터 매출(모델별)

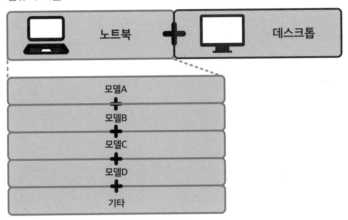

컴퓨터 매출(판매 채널별)

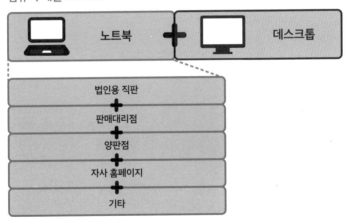

② 변수 분해(그림 7)

전체를 구성하는 요소로 분해하는 방법입니다. 주로 곱셈으로 전체를 나타냅니다. 예를 들어 매출을 변수 분해하면 다음과 같습니다.

- 매출 = 수량 × 단가
- 매출 = 1인당 구입 금액 × 방문 고객 수 × 구입률

이처럼 다양한 관점으로 요소를 여러 가지로 분해하면 매출의 어느 부분을 끌어올려야 하는지 결정할 수 있고, 접근법을 포함한 검토가 용이해집니다.

그림 7

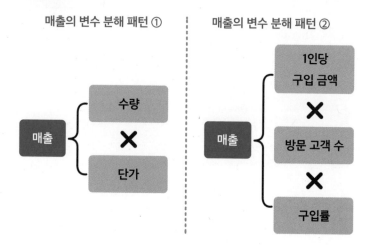

매출의 변수 분해 패턴 ①   매출의 변수 분해 패턴 ②

③ 프로세스로 분해(그림 8)

어떤 상태에 이르기까지 거친 경로, 즉 프로세스로 분해하는 방법입니다. 문제가 발생한 부분이나 보틀넥이 되는 장애가 발생했을 때 그 원인을 찾아내는 데 적합합니다. [그림 8] ①의 예시의 경우, 자사 공장에서 불량품이 증가하는 문제가 일어났을 때 각각의 공정으로 나누어 생각하면 원인을 찾기가 수월해집니다. ②의 예시의 경우, 점포 앞에 진열된 자사 제품의 고객을 더욱 늘리고자 할 때 고객의 상품 구입 프로세스를 잘게 분해하면 어떤 고객에게 어떻게 접근할지 검토하기가 수월해집니다.

그림 8 ▶

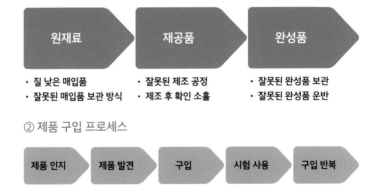

① 공장의 불량품

원재료	재공품	완성품
· 질 낮은 매입품 · 잘못된 매입품 보관 방식	· 잘못된 제조 공정 · 제조 후 확인 소홀	· 잘못된 완성품 보관 · 잘못된 완성품 운반

② 제품 구입 프로세스

제품 인지 → 제품 발견 → 구입 → 시험 사용 → 구입 반복

④ 판단 요건으로 분해(그림 9)

어떤 상태의 필요 여부를 판단하기 위한 항목을 제시하는 방법입니다. 특정 사안을 검토할 때 판단 재료가 되는 항목으로 분해해보세요.

그림 9

원재료 구입처에 원하는 요건

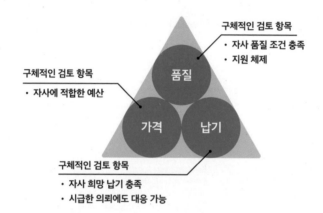

여러분이 신제품 개발 담당자가 되었다고 상상해봅시다. 회사는 제품을 만들기 위한 원재료를 생산하지 않기 때문에 다른 곳에서 매입해야 합니다. 이때 어떤 점을 고려하여 매입처를 선정할 것인가요?

물론 무엇을 바탕으로 검토할지는 경우에 따라 다르지만, 예를 들어 제조업에서는 설계 및 생산 시 중시되는 세 가지 관점, 즉 'QCD(Qality: 품질, Cost: 가격, Delivery: 납기)'가 기준이 됩니다.

여기서 더 구체적으로 검토할 항목을 분해하면 필요한 요건이 뚜렷해집니다.

▶ MECE로 분해하기

어떤 패턴이든 분해할 때는 전체를 'MECE(Mutually Exclusive Collectively Exhaustive)'의 구성 요소로 나누는 것이 중요합니다.

MECE란, 하나의 테마를 누락 없이, 중복 없이 생각하기 위해 여러 가지 요소로 분해하는 것을 의미합니다. 원래는 논리학에서 다루던 개념을 컨설팅 회사가 체계적으로 정리하여 비즈니스 현장에서도 활용하고 있습니다.

예를 들어 여성용 제품을 판매하기 위해 타깃 계층을 연령 및 거주 형태 등 여러 가지 관점으로 분해했다고 가정합시다(그림 10). 이때 MECE 기법을 활용하여 나누지 않는다면 검토가 누락되어 부분적인 대응만 이루어질 수도 있습니다. 사례 ② 역할별 분해를 보면 여성을 여학생, 주부, 회사원으로 분해했습니다. 이렇게 분해할 경우 학생이자 일을 하는 사람, 회사원이자 주부인 사람이 중복됩니다.

이 상태에서 회사원은 일을 하고 있으니 자신이 번 수입을 스스로 사용할 수 있지만, 주부는 가정이 있으므로 금전 관리에 엄격하다고 분석한 경우, 직업을 가진 주부는 어느 쪽으로 분류될지 판단할 수 없게 되어 이 분석과는 다른 행동을 취하는 사람으로 평가됩니다. 결과적으로 검토 부족으로 인해 분석의 설득력이 낮아지죠. 따라서 사안을 포괄적으로 누락 없이, 중복 없이 파악하면 정확성 높은 문제 해결 구조를 만들 수 있습니다.

그림 10

사례 ① 연령별 분해

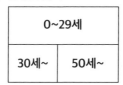

누락 없음, 중복 없음

· MECE를 활용한 분해

사례 ② 역할별 분해

누락 없음, 중복 있음

· 학생이자 일을 하는 사람,
  회사원이자 주부인 사람 중복

사례 ③ 거주 형태별 분해

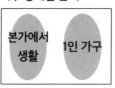

누락 있음, 중복 없음

· 본가에서 나와 가족과 동거하는 사람 누락

사례 ④ 기호별 분해

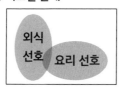

누락 있음, 중복 있음

· 이외의 기호를 가진 사람 누락
· 양쪽 다 즐기는 사람 중복

"나는 오늘밤 괴도 키드가 순간이동할 곳을 알고 있지!"
에도가와 코난(61권 FILE1~FILE4 〈괴도 키드의 순간이동 마술〉)

란의 친구인 스즈키 소노코의 할아버지 지로키치가 괴도 키드에게 보내는 도전장이 신문에 실린다. 도전장에는 지로키치가 가진 100캐럿의 자수정이 박힌 '자홍색 손톱(퍼플 네일)'을 긴자 거리에 설치하겠다는 내용이 담겨 있다.

얼마 후 신문을 본 사람들과 방송 관계자들이 긴자에 모여들기 시작한다. 퍼플 네일은 긴자 4번지 정중앙에 설치되었고, 경찰의 삼엄한 경비 속에 하늘 위로 행글라이더를 탄 괴도 키드가 모습을 드러낸다.

도전장을 받은 괴도 키드는 퍼플 네일을 훔칠 수 있을까? 지로키치는 퍼플 네일을 끝까지 지켜낼 수 있을까? 이윽고 괴도 키드와의 결전이 시작된다.

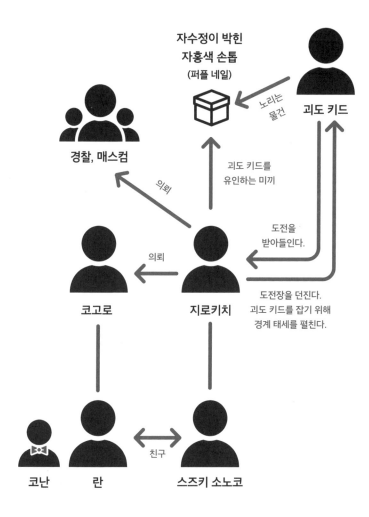

자수정이 박힌
자홍색 손톱
(퍼플 네일)

괴도 키드

경찰, 매스컴

노리는
물건

괴도 키드를
유인하는 미끼

의뢰

도전을
받아들인다.

코고로

의뢰

지로키치

도전장을 던진다.
괴도 키드를 잡기 위해
경계 태세를 펼친다.

코난

란

친구

스즈키 소노코

▶ 코난이 분해를 활용한 예시

괴도 키드가 등장하는 스토리의 흐름은 다음과 같습니다.

흐름 ①: 괴도 키드가 등장한다.
흐름 ②: 괴도 키드가 물건을 훔친다.
흐름 ③: 괴도 키드가 달아난다.

코난은 괴도 키드가 물건을 훔치는 것을 저지하거나 괴도 키드를 잡기 위해 활동하는데, 이때 이슈는 '괴도 키드가 어떻게 물건을 훔쳐서 달아났을까?'입니다. 괴도 키드가 연관된 사건은 일반적인 사건과는 이슈가 다르기 때문에 처음부터 구조를 생각해야 합니다.

물론 업무에 관한 이야기가 아니므로 비즈니스 프레임워크를 활용할 수는 없습니다. 여기서 코난은 이슈에 답하기 위해 분해 방법의 하나인 '프로세스로 분해하기'를 적용하여 구조를 만듭니다.

구조 ①: 물건을 어떻게 훔쳤을까?
구조 ②: 물건은 지금 어디에 있을까?
구조 ③: 괴도 키드는 지금 어디에 있고, 어떻게 달아난 걸까?

괴도 키드가 등장하는 스토리는 그가 달아나는 장면까지 그려집니다. 따라서 괴도 키드가 물건을 훔쳐서 어떻게 달아났는지, 그 프로세스를 구조로 설정할 수 있습니다.

비즈니스 프레임워크를 사용할 수 없을 때나 특히 해결해야 하는 문제가 막연할 때는 문제를 분해할 필요가 있습니다. MECE로 분해되었는지 확인하고 구조를 만들어 해결로 나아가는 사고를 진행해보세요.

비즈니스 프레임워크를 사용할 수 없을 때는 분해 방법을 적절히 활용해보자.

3장.
초기 가설 세우기

초기 가설이란

언제, 어느 때 사용할까?
- 문제 해결을 위한 논리를 만들 때
- 새로운 아이디어나 기발한 생각을 어떻게 재현할지 검토할 때

상사에게 '최근 들어 자사 주력 제품의 매출이 감소한 원인을 찾아라'라는 지시를 받았다면 가장 먼저 무엇부터 시작하겠습니까? 자사 제품의 품질에 문제가 있다거나 시장 변화로 판매가 부진하다거나 타사가 출시한 신제품이 더욱 매력적이라거나 생각해볼 수 있는 원인은 얼마든지 있겠죠. 하지만 근거가 되는 정보가 없다면 '이게 바로 원인이야!'라고 주장해도 아무도 납득하지 못할 것입니다.

그럼 원인을 조사할 때 무엇을 살펴보아야 할까요? 아무

리 공을 들어 최근 3년 동안의 매출 동향과 지역별 판매량 등을 분석해 그래프나 표로 정리한다 해도 상대방에게 그 의미가 제대로 전달되지 않으면 그저 헛수고를 한 것에 지나지 않습니다.

여기서 이슈는 어디까지나 '자사 주력 제품의 매출이 감소한 원인은 무엇일까?'를 알아내 개선하는 것입니다. 우선 매출 감소에 영향을 미친다고 생각되는 세 가지 요소, 즉 ① 자사의 제품력, ② 타사의 제품력, ③ 시장의 니즈로 구조를 만듭니다. 이 중 하나, 혹은 여러 개의 요소가 매출 감소에 영향을 미쳤다고 판단할 수 있습니다(그림 1).

그림 1

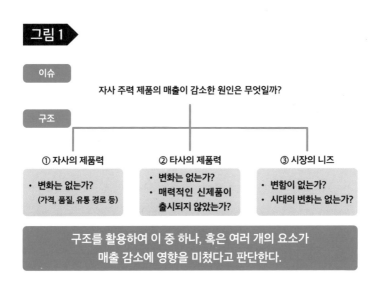

예를 들어 '① 자사의 제품력' 구조에서는 제품이 개발된 지 5년이 지났지만 포장도, 판촉 방법도 5년 전과 달라지지 않았다는 사실을 통해 '소비자가 새로움을 느끼지 못하는 것은 아닐까?'라고 추측해볼 수 있습니다.

이처럼 현재 자신이 알고 있는 정보나 경험을 바탕으로 이슈에 대한 가정의 답을 구성하고 추측하는 것을 '초기 가설'이라고 합니다.

▶ 초기 가설의 중요성

초기 가설을 세울 때는 새로운 정보를 준비하지 않아도 됩니다. 정보 과잉 시대에 익숙해져 정보가 없으면 아무것도 생각하지 못하는 사람도 있는데, 그러한 행동은 지양해야 합니다.

만약 초기 가설을 세우기 전에 정보를 먼저 수집하면 어떤 정보를 어느 정도 기간에 걸쳐 모아야 할지 결정할 수 없습니다. 그래서 정보를 모두 모은 다음에 초기 가설을 세우면 상당한 시간이 소요됩니다.

컨설턴트와 같은 전문가들은 이슈에 대한 답을 근거에서 찾지 않고 먼저 답을 가정한 후에 필요한 근거가 되는 정보를 찾기도 합니다. 초기 가설이 세워지면 이를 뒷받침하는 정보를 찾는 것에 집중할 수 있기 때문입니다.

'① 자사의 제품력' 구조의 경우, 초기 가설을 세우지 않는다면 자사의 제품력이 떨어졌다는 대략적인 구조를 바탕으로 정보를 모아야 합니다. 제품력이 떨어진 근거를 들기 위한 온갖 정보를 모아야 하고, 그만큼 시간과 노력이 필요합니다(그림 2).

또한 초기 가설을 세우지 않으면 무엇을 생각하고 무엇을 생각하지 않았는지, 누락과 중복이 발생합니다. 결국 중복되는 내용, 한 번 검토가 끝난 내용을 다시 생각해야 하죠.

따라서 초기 가설을 '자사의 제품에 새로움을 느끼지 못하는 것은 아닐까?'와 같이 보다 구체적으로 세우면 시장과 니즈의 변화, 오래된 제품 포장에 대한 소비자 의견 조사를 실시하는 등 처음부터 조사해야 할 목적을 좁힐 수 있으므로 시간과 수고를 최소한으로 줄일 수 있습니다.

그림 2

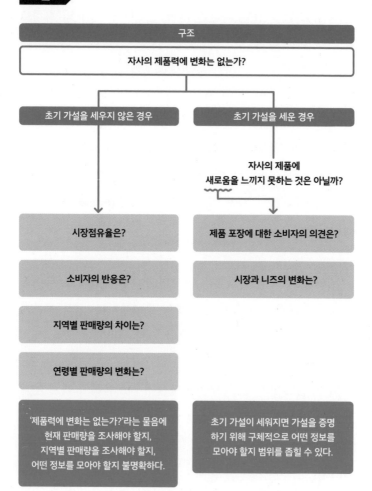

구조

자사의 제품력에 변화는 없는가?

초기 가설을 세우지 않은 경우

초기 가설을 세운 경우

자사의 제품에
새로움을 느끼지 못하는 것은 아닐까?

시장점유율은?

제품 포장에 대한 소비자의 의견은?

소비자의 반응은?

시장과 니즈의 변화는?

지역별 판매량의 차이는?

연령별 판매량의 변화는?

'제품력에 변화는 없는가?'라는 물음에
현재 판매량을 조사해야 할지,
지역별 판매량을 조사해야 할지,
어떤 정보를 모아야 할지 불명확하다.

초기 가설이 세워지면 가설을 증명
하기 위해 구체적으로 어떤 정보를
모아야 할지 범위를 좁힐 수 있다.

물론 초기 가설이 틀릴 수도 있습니다. 그러나 초기 가설을 세우면 틀렸을 때 앞으로 무엇을 해야 하는지 파악하기가 수월해집니다.

이 예시에서는 세 가지 구조 중에 '① 자사의 제품력'에 문제가 없다면 다른 두 가지 구조를 검증하면 됩니다. 구조가 명확하고 누락 없이, 중복 없이 세워지면 언젠가는 원인으로 짐작되는 근거에 다다를 수 있습니다. 또한 그동안 조사한 정보와 생각이 새로운 가설을 세우는 토대가 되어 더욱 발전된 가설을 만들 수 있게 됩니다.

"흠… 셋 다 다른 병원으로 옮겨 제대로 심문해야
하는데……."
아카이 히데이치(57권 FILE9~58권 FILE1 〈적과 흑의 크래쉬〉)

검은 조직의 일원인 미즈나시 레나는 하이도 중앙병원에서
FBI의 보호를 받는다. 코난과 FBI는 미즈나시를 찾는 란의 동
창생 혼도 에이스케의 수상한 행동을 통해 조직의 정보를 알
고 있는 미즈나시를 처리하려는 검은 조직의 일원이 병원에
위장 입원하여 미즈나시를 찾고 있다는 사실을 알게 된다.

코난은 검은 조직의 일원에게 미즈나시가 있는 곳이 알려지
지 않도록 수사관인 아카이 슈이치와 함께 검은 조직의 일원
을 잡기 위한 계획을 세운다.

조사 결과, 검은 조직 일원으로 짐작되는 용의자는 3명으로
좁혀진다. 코난은 오른쪽 다리 골절, 경추 염좌, 급성 요통 등
증상이 각기 다른 용의자 3명을 상대로 탐문 수사를 벌인다.

그들을 모두 감시하자고 제안하는 FBI 수사진에게 코난과
아카이는 이렇게 말한다.

"감시할 사람은 단 한 명이야."

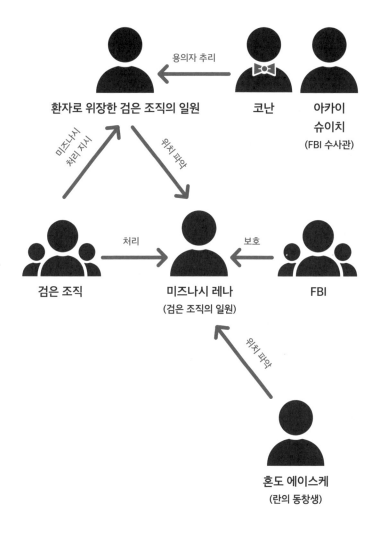

▶ 초기 가설을 세우는 첫 단계

코난은 용의자 3명을 상대로 수사를 벌일 때 그중 누군가가 검은 조직의 일원이고, 위장 입원 중이라는 초기 가설을 세운 덕분에 신속하게 용의자를 1명으로 좁힐 수 있었습니다. 만일 초기 가설을 세우지 않고 수사를 진행했다면 용의자를 3명으로 좁히지 못하고 FBI가 보호하고 있던 미즈나시를 검은 조직에게 빼앗겼을 수도 있습니다. 검은 조직 입장에서는 조직의 정보를 알고 있는 미즈나시를 조금이라도 빨리 찾아 처리해야 했으니까요.

코난이 어떻게 용의자를 1명으로 좁힐 수 있었는지 그 과정을 따라가며 초기 가설을 세우는 방법을 알아봅시다. 먼저 '검은 조직의 일원이 하이도 중앙병원에 잠입해 있지 않을까?'라는 초기 가설을 세웠습니다. 코난은 이 초기 가설을 어떻게 세웠을까요?

첫 단계는 지금 자신이 알고 있는 정보나 지식을 바탕으로 초기 가설의 토대를 만드는 것입니다. 맞았는지 틀렸는지를 신경 쓸 필요는 없습니다. 조사는 나중에 하면 되니까요.

란은 혼도가 하이도 중앙병원에서 〈일곱 살 꼬마〉(일본의 동요—옮긴이)의 멜로디를 들었다는 사실을 코난에게 알려주었습니다. 코난은 〈일곱 살 꼬마〉가 검은 조직의 보스에게 연락하는 메일 주소의 멜로디와 관련 있다는 사실을 알고 있었기 때문에 그 두 가지 정보를 조합하여 '검은 조직의 일원이 하이도 중앙병원에 잠입해 있지 않을까?'라는 초기 가설을 세웠습니다(그림 3).

이처럼 원래부터 알고 있던 〈일곱 살 꼬마〉와 관련된 정보, 그리고 병원 내에서 〈일곱 살 꼬마〉의 멜로디를 들었다는 사실을 조합하여 새로운 정보 없이도 초기 가설을 세울 수 있었죠.

그런 다음 자신이 세운 초기 가설의 토대를 FBI 수사관에게 전달했습니다. 누군가에게 자신의 생각을 전달하기 위해 말을 하거나 글로 적으면 자신이 생각하는 가설의 형태가 보다 명확해져 흔들리지 않고 생각해야 하는 이슈에 집중할 수 있습니다.

그림 3

초기 가설을 세우기 위해서는?

| 추리 | 검은 조직의 일원이 하이도 중앙병원에 잠입해 있다. |

STEP 1

지금 자신이 알고 있는 정보나 지식을 바탕으로 초기 가설의 토대를 만든다.

혼도 에이스케는 하이도 중앙병원에서 〈일곱 살 꼬마〉의 멜로디와 같은 휴대폰 버튼음 소리를 듣는다.

검은 조직 보스의 메일 주소를 휴대폰 버튼으로 누르면 〈일곱 살 꼬마〉의 멜로디가 된다.

검은 조직은 하이도 중앙병원에 미즈나시 레나가 있다는 사실을 모른다.

검은 조직은 미즈나시 레나의 입을 막기 위해 그를 살해하려고 한다.

초기 가설의 토대 검은 조직과 메일로 연락을 주고받는 인물이 하이도 중앙병원에서 미즈나시 레나를 찾고 있다. 그는 미즈나시 레나가 병원에 숨어 있는 것은 알고 있지만 그 병원에 있다는 사실은 알지 못한다. 미즈나시 레나를 찾기 위해 어떤 흔적을 남기지 않았을까?

STEP 2

초기 가설의 토대를 누군가에게 말하거나 글로 적는다.

STEP 3

조사할 내용이 구체적으로 제시되면 그것을 초기 가설로 결정한다.

미즈나시 레나를 찾는 사람은 없었는가?

검은 조직과 연관된 인물을 보거나 코드 네임을 병원에서 들어본 적이 있는가?

누군가를 찾거나 병원 안을 이유 없이 돌아다니는 사람은 없는가?

실제로 코난은 가설을 검증하기 위해 병원에 탐문 수사를 하러 갔을 때 간호사로부터 미즈나시를 찾는 사람이 있다는 사실을 확인할 수 있었습니다. 이 경우에는 초기 가설이 곧바로 증명됩니다.

▶ 나만의 지식 서랍 채우기

코난은 용의자를 지목하기 위해 또 하나의 초기 가설을 세웠습니다. '검은 조직의 일원은 위장 입원을 하고 있다. 위장을 했다면 순간적인 상황에서는 각각의 증상과 부상 때문에 불가능한 동작이 반사적으로 튀어나오지 않을까?'라는 가설이었죠.

코난은 이를 증명하기 위해 용의자 3명의 병실을 찾아가 어떠한 행동을 유도하여 위장 입원인지 아닌지를 확인했습니다. 용의자 각각의 증상과 부상의 특징을 조사한 정보와 가지고 있던 지식을 바탕으로 초기 가설을 세운 것입니다.

지금부터 그 과정을 살펴봅시다.

첫 번째 용의자는 급성 요통으로 입원했습니다. 코난은 일부러 넘어지며 휴대폰을 떨어뜨려 용의자가 줍도록 유도했습니다. 그리고 커튼을 열고 닫아 먼지를 일으켜 용의자가 재채기를 하도록 했습니다. 그 결과, 휴대폰을 주울 때 허리를 편 채 쭈그려 앉는 모습에서 허리가 아프다는 근거를 찾을 수 있었습니다. 재채기가 나오려고 할 때도 허리 통증을 유발하지 않기 위해 재채기를 참으려고 코를 붙잡고 입으로 숨을 쉬는 모습을 보였죠. 그는 급성 요통으로 입원한 것이 분명해 보였습니다.

두 번째 용의자는 오른쪽 다리 골절로 입원했습니다. 코난은 이번에도 그가 휴대폰을 줍도록 유도했습니다. 그리고 왼쪽 옷깃에 무언가가 묻었다고 알려주며 쇄골 아래 돌출된 부분을 확인했습니다. 이 용의자는 골절된 다리를 지탱하여 휴대폰을 주우려고 했습니다. 코난은 그 모습을 통해 위장 입원을 의심했죠. 하지만 쇄골 아래 자국을 통해 페이스메이커를 사용하고 있다는 것을 확인했고, 검은 조직과 휴대폰으로 연락을 할 수 없었기에 용의선상에서 제외했습니다.

마지막으로 세 번째 용의자는 경추 염좌로 입원했습니다. 코난은 이번에도 그가 휴대폰을 줍도록 유도했습니다. 그리고 용의자가 자신을 바라보도록 그가 돌아섰을 때 다 마신

캔 커피 여러 개를 바닥에 떨어뜨렸습니다. 그런데 용의자는 코난을 돌아보았고, 고개를 젖혀야만 마실 수 있는 캔 커피를 한 방울도 남김없이 마셨죠. 그 결과, 그가 바로 위장 입원을 한 검은 조직의 일원으로 지목되었습니다.

코난이 용의자들의 증상과 부상의 특징을 알고 있지 않았다면 FBI는 숨어서 모두를 감시했을 것입니다. 감시 인원이 많이 필요한 만큼 검은 조직에게 들킬 가능성도 높았겠죠. 최악의 경우에는 미즈나시가 살해되고, FBI도 검은 조직으로 연결되는 정보원을 잃게 되어 앞으로의 수사에 큰 지장을 줄 수도 있었습니다. 코난은 지식 서랍을 많이 가지고 있었기에 상황을 유리하게 만들어나갈 수 있었죠.

비즈니스에서 성과를 거두려면 로지컬 씽킹을 강화하는 것뿐만 아니라 나만의 지식 서랍을 늘리는 것이 중요합니다. 그 지식은 로지컬 씽킹을 통해 더욱 밝게 빛날 수 있습니다. 초기 가설을 세울 때는 코난처럼 사전 지식이 많을수록 여러 각도에서 충분히 납득할 만한 가설을 세울 수 있습니다.

▶ 초기 가설에 구체성 부여하기

　예를 들어 초기 가설을 '위장 입원한 사람은 증상을 속이지 않았을까?'로 세웠다면 어땠을까요? 위장 입원인지 아닌지를 조사하는 것은 같지만, 정보를 수집할 때 진료 기록 카드를 찾아볼 것인지, 입원 경위나 현재 상태를 알아볼 것인지 조사의 구체성이 결여되어 범위가 너무 넓어졌을 것입니다. 이 가설은 틀리지는 않았지만 사실을 있는 그대로 서술하기만 해 가설을 들은 사람은 '그래서 어쩌자고?'라고 받아들일 수도 있습니다.

　초기 가설을 세울 때는 사실을 바탕으로 가정할 수 있는 내용이나 사실에 입각하여 분석한 해석을 덧붙여보세요. 우선 생각한 것을 말로 하거나 글로 적어 가시화해야 합니다. 그리고 초기 가설이 성립하기 위해서는 무엇을 알아야 하는지 근거가 되는 정보를 수집하는 것이 중요합니다.

> **무작정 조사를 시작하기보다는 우선 자신이 가진 정보나 지식을 바탕으로 초기 가설을 세우는 것이 좋다.**

초기 가설 세울 때 주의할 점

난이도★★★★★

언제, 어느 때 사용할까?
- 커뮤니케이션 오류를 줄이고 싶을 때
- 근본적인 발상의 전환이나 검토가 필요할 때

초기 가설을 세울 때 주의해야 할 세 가지 포인트가 있습니다.

① 'BIG WORD'로 되어 있지 않은가.
② 근거가 뒷받침되어 있는가.
③ 숨은 전제는 없는가.

지금부터 하나씩 살펴봅시다.

① 'BIG WORD'로 되어 있지 않은가

'BIG WORD'라는 말을 들어본 적 있나요? BIG WORD
란, 추상적인 표현이나 애매한 표현을 말합니다. 즉 의사결정
으로 이어지지 않고 무엇을 해야 하는지 알 수 없는 상태를
말하죠. 초기 가설을 세울 때는 물론이고, 논리적으로 생각할
때도 주의가 필요합니다.

예를 들어 회의 자리에서 "좀 더 밸류를 끌어올리자!"라
고 말하며 누군가의 아이디어를 지적했다고 가정합시다. 그
러나 무엇에 대해, 어느 정도의 가치를 끌어올릴 것인지, 구
체적으로 어떤 가치를 가리키는지 알 수가 없습니다. BIG
WORD를 사용하는 대부분의 경우는 사고가 정지된 상태인
것입니다.

좀 더 구체적으로 살펴봅시다. '신제품은 경쟁사의 제품과
차별화되어 시장점유율을 차지하고 전년도 매출을 넘어설
수 있을까?'라는 이슈가 있다고 가정합시다. 이 이슈에 대해
'경쟁사도 차별화되어 있어 자사 제품이 머지않아 팔리지 않
게 될 우려가 있지 않을까?'라는 초기 가설을 세웠다면 이 역
시 BIG WORD에 해당합니다.

타사 제품의 어떤 점이 '차별화'되어 있는지 구체성이 결여되어 있고, '머지않아'가 가리키는 시기도 언제인지 알 수가 없습니다. 이 초기 가설로는 이슈의 구조를 생각하기 위해 어떤 정보를 수집해야 하는지 애매합니다. 구체적인 행동이 보이지 않는 상태입니다.

여기서 BIG WORD가 되기 쉬운 단어를 몇 가지 카테고리로 나누어 소개하도록 하겠습니다.

[명사] 시너지, 다이버시티, 밸류, 패러다임

영어 단어는 특히 주의가 필요합니다. 절대로 사용하면 안 되는 것은 아니지만 우리말로 바꿀 수 있는지 늘 생각할 필요가 있습니다. 종종 의미를 알지도 못하면서 무의식적으로 사용하는 사람도 있습니다.

[대명사] 이와 같은, 그와 같은, 그러한 식의, 그러한 것

무엇을 가리키는지 애매한 말은 BIG WORD가 됩니다. 구체적인 예시를 들어 표현해보세요.

[형용사, 부사] 되도록, 상당히, 매우, 일찌감치, 조금 더

정도를 나타내는 말도 BIG WORD가 됩니다. 구체적인 수치를 사용하여 표현해보세요.

[동사] 노력하다, 검토하다, 대처하다, 의식하다

이러한 단어는 '구체적으로 누가, 언제, 어떤 행동을 하는 지'가 보이지 않습니다. 상대방이 상상할 수 있도록 명확히 표현해보세요.

우리는 일상에서 알게 모르게 BIG WORD를 사용하여 대화를 나누기도 하는데, 이 '단어'들에는 구체성이 결여되어 있어 일의 진행을 더디게 하거나 경우에 따라서는 문제를 일으키기도 합니다. BIG WORD를 사용하면 아무래도 추상적인 내용이 되기 쉽습니다. 구체적인 표현으로 바꾸기 위해 늘 노력할 필요가 있습니다.

② 근거가 뒷받침되어 있는가

두 번째 주의할 점은 초기 가설이 '확실한 근거로 뒷받침되어 있는가'입니다. 자사에서 신제품을 출시할 때 '신제품은 가격이 저렴해 시장점유율 30%를 목표로 할 수 있지 않을까?'라고 초기 가설을 세웠다고 가정합시다. 그러나 신제품 가격이 얼마나 저렴한지 경쟁사 제품의 판매 가격을 조사해 근거를 제시하지 않으면 즉흥적인 생각에 지나지 않겠죠.

초기 가설을 세운 뒤 이를 입증하는 근거를 제시해야만 비로소 논리가 성립합니다(그림 4). 이러한 과정을 돕는 사고

법이 바로 'Why? True?(왜 그렇다고 말할 수 있는가? 정말인가?)'
입니다.

그럼 코난의 사건 현장에서 'Why? True?' 활용법을 살펴
봅시다.

그림 4

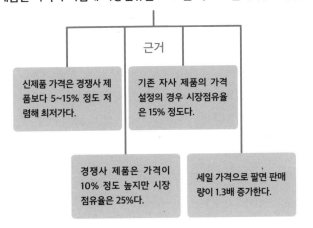

초기 가설과 근거의 관계

초기 가설

신제품은 가격이 저렴해 시장점유율 30%를 목표로 할 수 있지 않을까?

근거

신제품 가격은 경쟁사 제품보다 5~15% 정도 저렴해 최저가다.

기존 자사 제품의 가격 설정의 경우 시장점유율은 15% 정도다.

경쟁사 제품은 가격이 10% 정도 높지만 시장점유율은 25%다.

세일 가격으로 팔면 판매량이 1.3배 증가한다.

**초기 가설과 근거에 관련성이 있고, 관련이 없는 근거는 없다.
근거를 통해 초기 가설을 이끌어낼 수 있을 것으로 보인다.**

"만일 여자가 그곳에서 바라본 경치를 자신의 자리에서
본 것으로 착각했다면……."
에도가와 코난(4권 FILE4~FILE6 〈신칸센 대폭파 사건〉)

코고로는 친구의 결혼식에 참석하기 위해 코난, 란과 함께
신칸센 열차를 타고 교토로 향한다. 이때 기차 안에서 우연히
검은 조직의 일원인 진과 워커를 발견한다.

식당 칸에서 누군가와 거래를 마친 진과 워커의 대화를 엿
들은 코난은 그들이 거래 상대에게 건넨 검정 가방이 오후 3시
10분에 폭발한다는 사실을 알게 된다.

코난은 나고야에서 내린 진과 워커를 뒤로하고 여전히 신칸
센 열차에 타고 있는 폭탄이 든 검정 가방의 주인을 찾는다.

코난은 그들이 거래한 현장을 직접 보지 않아 누가 그 가방
을 들고 있는지 알 수 없는 상황에서 미미한 단서만으로 해당
인물을 찾기 위해 추리를 시작한다.

남은 시간은 35분! 코난은 과연 폭탄이 든 가방을 찾을 수
있을까?

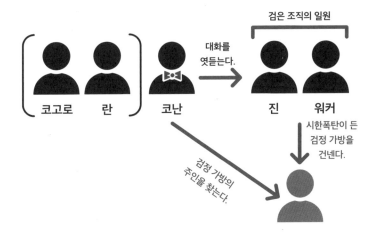

검은 조직의 일원

코고로 　란　코난　대화를 엿듣는다.　진　워커

시한폭탄이 든 검정 가방을 건넨다.

검정 가방의 주인을 찾는다.

▶ 'Why? True?' 활용법

코난은 신칸센 열차 안에서 폭탄이 든 검정 가방의 주인
을 찾아 나섰습니다. 그는 우선 단서가 되는 검은 조직의 일
원인 진과 워커가 나눈 대화와 근거가 되는 몇 가지 정보를
조합하여 '검정 가방의 주인은 그린 칸 2층 금연 차량에 타고
있지 않을까?'라는 초기 가설을 세웠죠(그림 5).

그런 다음 그 차량에 폭탄이 든 검정 가방을 가진 사람이
정말 있는지 초기 가설을 확인하기 위해 후보자를 찾아 나섰
습니다. 그 결과, 4명의 후보자가 추려졌습니다. 4명 모두 검
정 가방을 가지고 있어 초기 가설의 정확성이 높아졌습니다.

그림 5

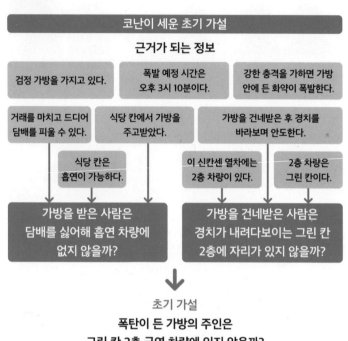

코난이 세운 초기 가설

근거가 되는 정보

| 검정 가방을 가지고 있다. | 폭발 예정 시간은 오후 3시 10분이다. | 강한 충격을 가하면 가방 안에 든 화약이 폭발한다. |

거래를 마치고 드디어 담배를 피울 수 있다.

식당 칸에서 가방을 주고받았다.

가방을 건네받은 후 경치를 바라보며 안도한다.

식당 칸은 흡연이 가능하다.

이 신칸센 열차에는 2층 차량이 있다.

2층 차량은 그린 칸이다.

가방을 받은 사람은 담배를 싫어해 흡연 차량에 없지 않을까?

가방을 건네받은 사람은 경치가 내려다보이는 그린 칸 2층에 자리가 있지 않을까?

↓

초기 가설
폭탄이 든 가방의 주인은
그린 칸 2층 금연 차량에 있지 않을까?

↓

새로운 가설 필요
해당하는 차량은 찾았지만,
후보자가 4명이나 되기 때문에 좁혀나가야 한다.

새로운 정보를 추가해야만 후보자를 좁힐 수 있다.
정보가 부족한 상태다.

첫 번째 후보자는 회사원 느낌의 남자로, 컴퓨터를 사용하고 있었습니다. 두 번째 후보자는 커리어우먼으로, 영자 신문을 읽고 있었으며 손 주변에 휴대폰이 놓여 있었습니다. 세 번째 후보자는 풍채가 좋은 할아버지로, 헤드폰을 끼고 무언가를 듣고 있었습니다. 네 번째 후보자는 야쿠자 느낌의 남자로, 금장 선글라스를 끼고 경마 신문을 읽고 있었습니다.

후보자가 4명이나 되기 때문에 1명으로 좁혀야 합니다. 그러려면 새로운 가설을 세울 필요가 있습니다. 이처럼 근거가 되는 정보를 바탕으로 초기 가설을 세운 후에 초기 가설이 성립하기 위한 근거가 부족하다는 것을 알아차리는 경우도 있습니다. 이때 'Why? True?'를 반복하여 확인하면 어떤 정보를 수집해야 근거가 되는지 명확히 알 수 있습니다.

사실 폭탄이 든 검정 가방의 주인은 '폭발 시각이 되면 직접 스위치를 누른다'라는 정보를 가지고 있었습니다. 코난은 검정 가방을 가지고 있고, 스위치로 쓰일 물건을 들고 있는 사람이 해당 인물이라는 새로운 가설을 세우죠. 후보자 4명의 소지품을 관찰한 결과, 그중 3명이 스위치로 쓰일 법한 물건을 들고 있었습니다. 그리고 특정 시간에 직접 스위치를 누를 것이라는 정보를 통해 그에 부합하는 유일한 물건인 휴대폰을 지닌 여성이 가방의 주인이라는 결론에 이릅니다.

③ '숨은 전제'는 없는가

사실 코난은 이 추리에서 한 가지 실수를 했습니다. 바로 초기 가설을 세울 때 세 번째 주의점인 '숨은 전제는 없는가'를 놓친 것이죠.

숨은 전제란, 상대방에게 전달하지 않으면 자신 이외에는 알 수 없는 룰을 말합니다. 초기 가설을 세우고 그 근거가 되는 정보를 수집하는 과정에서 스스로 지나치게 확신하여 근거로 두지 않은 정보 중에 답이 숨어 있는 경우도 있습니다.

예를 들어 앞서 언급한 예시의 경우 '신제품은 가격이 저렴해 시장점유율 30%를 목표로 할 수 있지 않을까?'라는 초기 가설을 세우고 경쟁사의 제품 가격과 현재 시장점유율 등의 정보를 근거로 제시했다고 가정합시다.

언뜻 이 근거는 초기 가설을 뒷받침하는 것처럼 보이지만 애초에 '고객은 저렴한 가격을 원하는가', '해당 제품의 시장 가격은 적정하다고 할 수 있는가'에 대한 정보가 없으면 이 초기 가설은 증명할 수 없습니다. '고객은 저렴한 가격을 원하지 않는다'라는 정보가 나온다면 가설 자체가 달라져 버립니다(그림 6).

그림 6

초기 가설

신제품은 가격이 저렴해 시장점유율 30%를
목표로 할 수 있지 않을까?

근거

세일 가격으로 팔면 판매량이 1.3배 증가한다.

기존 자사 제품의 가격 설정의 경우 시장점유율은 15% 정도다.

경쟁사 제품은 가격이 10% 정도 높지만 시장점유율은 25%다.

언뜻 근거가 가설을
뒷받침하고 있는 것처럼
보이지만……

숨은 전제

이 초기 가설은 '고객은 저렴한 가격을 원한다'라는
전제로 만들어지지 않았는가?

숨은 전제가
밝혀지면 다음과 같은
의문이 생긴다.

고객은 저렴한
가격을 원하는가.

해당 제품의 시장 가격은
적정하다고 할 수 있는가.

초기 가설 자체가 달라진다.

이처럼 숨은 전제가 밝혀지면 처음에 세운 가설도 달라집니다. 만일 숨은 전제를 알아차리지 못하면 엉뚱한 가설을 검증하게 됩니다. 인간은 무의식중에 스스로 당연하다고 여기는 상식적인 판단이나 유리한 정보를 바탕으로 생각하는 경향이 있기 때문이죠.

▶ '숨은 전제'를 놓치지 않으려면

사실 코난은 검정 가방을 건네받은 후보자를 좁혀나가는 도중에 폭탄이 든 가방을 가진 여자에게 "창밖으로 후지산이 보인다"라는 말을 들었습니다. 그런데 여자가 앉아 있던 자리는 바다가 보이는 쪽이었습니다. 신칸센 열차의 좌석 배치를 감안하면 절대로 후지산이 보이는 자리가 아니었죠.

여자는 식당 칸에서 검은 조직의 일원과 거래를 했을 때 산 쪽 자리에 앉아 있었습니다. 그곳에서는 후지산이 보였기 때문에 창밖으로 후지산이 보인다는 숨은 전제를 깔고 이야기를 했던 것입니다. 코난은 신칸센 차창 밖으로 후지산이 보이는 것을 알고 있었기 때문에 여자의 말을 의심하지 않고 후보자에서 제외했습니다.

이렇게 숨은 전제를 놓친 코난의 추리는 흔들리게 됩니다. 그때 코난은 우연히 옆자리에서 바다가 보고 싶다고 졸라대는 아이와 "산 쪽 자리라서 바다는 보이지 않는다"라고 타이르는 아이 아버지와의 대화를 듣게 되죠. 그리고 자신이 '신칸센 열차의 산 쪽 자리는 창밖으로 후지산이 보인다'라는 것을 숨은 전제로 두었음을 알아차립니다.

코난도 숨은 전제를 놓칠 때가 있습니다. 우연히 타인의 이야기를 듣고 숨은 전제를 깨달은 코난은 용의자인 여자의 자리는 바다 쪽이고, 산 쪽이 아니기에 후지산이 보일 리 없다는 모순된 정보를 통해 용의자를 지목할 수 있었습니다.

① 'Why? True?'를 반복해서 묻고 답하기
② 반대 입장에서 생각하기. 초기 가설이 성립하지 않는다면 어떤 조건이 있어야 성립하는지 생각해야 한다.
③ 타인과 논의하기. 스스로 깨닫지 못하는 관점을 발견할 수 있다.

이번 장을 복습할 겸 한 번 더 이야기하도록 하겠습니다. 초기 가설을 세울 때는 다음 세 가지 포인트를 주의하여 발언하고 제안하면 논리적으로 정리할 수 있습니다.

① 'BIG WORD'로 되어 있지 않은가.

② 근거가 뒷받침되어 있는가.

③ 숨은 전제는 없는가.

> **초기 가설을 세울 때 세 가지 포인트를 주의하면 상대방이 납득할 수 있는 정확한 가설을 세울 수 있다.**

4장.
초기 가설 검증하고
진화시키기

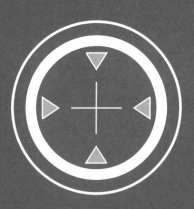

초기 가설 검증하기

난이도★★★★☆

언제, 어느 때 사용할까?
■ 자신의 생각을 제한하지 않고 견해를 넓히고 싶을 때
■ 기존 아이디어를 보다 확장하고 싶을 때

3장에서 초기 가설을 세우는 방법을 소개했습니다. 그런데 초기 가설이 옳은지 그른지를 검증해야만 결론을 이끌어 낼 수 있습니다.

이번 장에서는 그다음 단계로 초기 가설을 검증하는 과정과 방법, 그리고 다른 가설은 없는지 가설을 확장하는 방법을 알아보도록 하겠습니다. 이를 통해 지금까지 생각하지 못한 독자적이고 참신한 가설을 세울 수 있을 것입니다. 가설의 확장은 직감과 번뜩임만으로 가설을 세우거나 중요한 것을 놓치지 않도록 방지하는 효과도 있습니다.

▶ 분해를 통해 초기 가설을 확장하라

A라는 놀이공원이 있습니다. 놀이공원은 해마다 입장객이 감소해 고민에 휩싸였습니다. 이 문제를 해결하기 위한 이슈는 '어떻게 해야 입장객 수를 늘릴 수 있을까?'입니다.

놀이공원은 설비가 완성된 이후부터 노후화가 시작되는 이른바 '설비 비즈니스'입니다. 그렇기에 일반적인 이론은 '새로운 어트랙션을 만들어 입장객 수가 줄지 않도록 투자해야 한다'는 것입니다. 하지만 이 놀이공원은 최근 3년 동안 새로운 어트랙션을 만들지 않았습니다. 이에 놀이공원 관계자는 '입장객 수가 감소한 원인은 새로운 어트랙션이 없어서가 아닐까?'라고 초기 가설을 세웠습니다.

다만, 새로운 어트랙션을 계속해서 만드는 것이 입장객 수를 늘리는 대책이라고 단정 지을 수는 없습니다. 어트랙션을 신설하는 것 이외에 다른 해결책은 없을까요? 초기 가설을 확장하면 다음과 같은 가설을 세울 수 있습니다.

- **입장객 수가 전체적으로 감소한 것이 아니라 1인, 커플, 단체, 가족 동반 등 특정 카테고리에서 현저히 감소하지 않았는가?**

• 오전, 오후, 저녁 이후와 같이 시간대별로 입장객 수가 차이가 나타나지 않았는가?

이 가설이 옳다면 대책은 달라집니다. 여기서 세운 가설을 분류하면 입장객은 다음과 같이 세 가지로 나눌 수 있습니다 (그림 1).

① 입장 목적별: 방문 목적별로 도출
② 입장객 유형별: 입장객 유형별로 도출
③ 시간대별: 시간대별 입장객 수 변화로 도출

이처럼 가설을 확장하기 위한 다면적인 관점을 확보하려면 분해가 효율적입니다.

그림 1

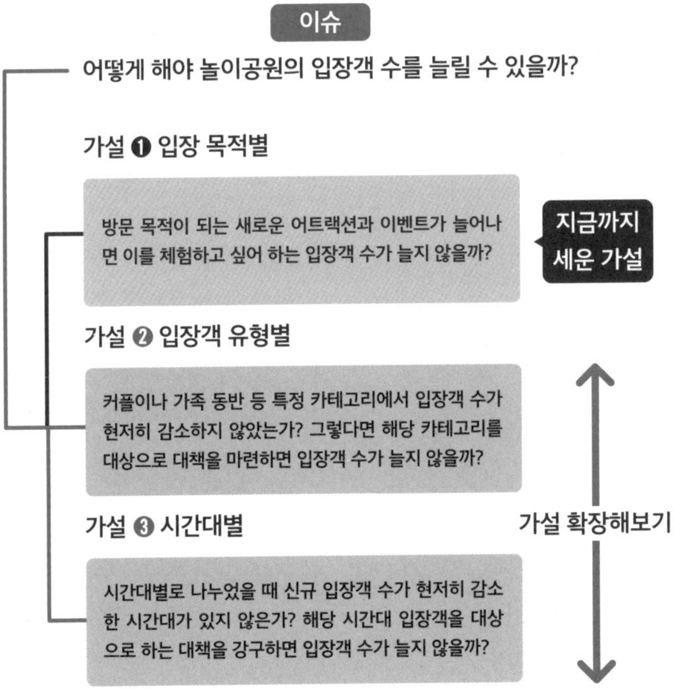

이슈

어떻게 해야 놀이공원의 입장객 수를 늘릴 수 있을까?

가설 ❶ 입장 목적별

방문 목적이 되는 새로운 어트랙션과 이벤트가 늘어나면 이를 체험하고 싶어 하는 입장객 수가 늘지 않을까?

지금까지 세운 가설

가설 ❷ 입장객 유형별

커플이나 가족 동반 등 특정 카테고리에서 입장객 수가 현저히 감소하지 않았는가? 그렇다면 해당 카테고리를 대상으로 대책을 마련하면 입장객 수가 늘지 않을까?

가설 ❸ 시간대별

시간대별로 나누었을 때 신규 입장객 수가 현저히 감소한 시간대가 있지 않은가? 해당 시간대 입장객을 대상으로 하는 대책을 강구하면 입장객 수가 늘지 않을까?

가설 확장해보기

"진실은 언제나… 단 하나뿐이니까……."
쿠도 신이치(10권 FILE2~FILE5 〈외교관 살인 사건〉)

어느 날 모리 탐정 사무소에 '서쪽의 명탐정'을 자처하는 남자가 쿠도 신이치(코난)를 찾아온다. 남자의 이름은 핫토리 헤이지. 신이치와 같은 고교생 탐정이다.

마침 츠지무라 키미에가 조사를 의뢰하기 위해 탐정 사무소에 찾아왔고, 핫토리는 코고로에게 자신도 동행하겠다며 따라나선다. 그렇게 핫토리와 코고로, 란, 코난은 츠지무라 부부의 집으로 향한다.

그들은 키미에의 안내를 받아 남편인 이사오의 방으로 갔지만 문이 잠겨 있었고, 키미에는 가지고 있던 열쇠로 문을 연다. 잠들어 있는 이사오를 깨우기 위해 키미에가 손을 대자 이미 죽어 있던 그는 앉은 채로 쓰러진다.

그 방의 열쇠는 키미에와 이사오만 가지고 있었고, 이사오가 가지고 있던 열쇠는 바지에 달린 이중 주머니 안에 들어 있었다.

'밀실 살인 사건이군.'

이사오가 독살되었다고 판단한 코난과 핫토리는 밀실에서 일어난 범행 트릭의 수수께끼를 풀어나가기 시작한다.

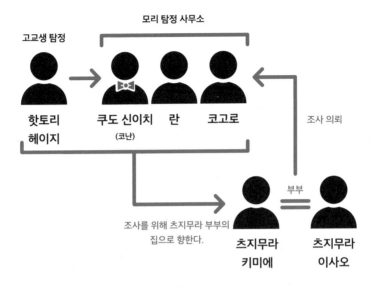

모리 탐정 사무소

고교생 탐정

핫토리
헤이지

쿠도 신이치
(코난)

란

코고로

조사 의뢰

조사를 위해 츠지무라 부부의
집으로 향한다.

츠지무라
키미에

부부

츠지무라
이사오

▶ 초기 가설에 유일무이한 정답은 없다

서쪽의 명탐정 핫토리 헤이지는 코난에 맞서 자신의 초기 가설을 토대로 밀실 살인 사건의 트릭을 밝혀내기 위해 검증을 실시합니다. 핫토리는 '범인이 범행을 저지른 후 방을 밀실 상태로 꾸미지 않았을까?'라고 초기 가설을 세웁니다.

열쇠가 달린 키홀더는 테이프가 붙어 있는 상태로 남아 있었습니다. 테이프에는 라인 하나가 그어져 있었고, 방에서는 실이 발견되었죠. 이러한 정보가 가리키는 것은 바늘과

실을 이용하여 방 밖에서 피해자의 바지 주머니에 열쇠를 넣는 트릭입니다. 실제로 열쇠가 바지 주머니에 들어가는 것이 검증을 통해 확인되었습니다.

그러나 코난은 검증이 잘못되었다고 지적했습니다. 열쇠가 바지 주머니에는 들어갔지만 시신을 발견했을 때와 달리 이중 주머니 안으로는 들어가지 않았기 때문이죠. 게다가 현장에서는 키홀더와 열쇠가 포개져 들어가 있었는데, 검증을 했을 때는 포개진 상태가 아니었습니다.

핫토리는 범인이 놓은 덫에 걸려 처음부터 밀실 살인 사건으로 단정 짓고 잘못된 초기 가설을 세워 검증을 진행했습니다. 초기 가설이 옳다고 지나치게 확신한 나머지 그에 대한 증거를 수집하기 위해 '밀실을 만든' 범죄 수법을 알아내는 데에만 치중한 것이죠.

반면 코난은 밀실 살인 사건일 가능성은 물론이고, 밀실이 아니었을 가능성도 염두에 두고 수사 중에 또 하나의 가설을 검증했습니다. 피해자의 방에서 오페라가 흘러나오고 있었던 점, 피해자는 클래식을 좋아했던 점, 책상 위에 여러 권의 책이 아무렇게나 놓여 있던 점 등 현장에서 수집한 정보를 토대로 '탐정들이 피해자의 방에 들어갔을 때 피해자의 신음 소리가 들리지 않도록, 고통으로 일그러진 표정을 볼 수 없도록 범인이 꾸민 장치가 아닐까?'라고 가설을 세웠습니다. 실제로 검증을 통해 죽어가던 피해자가 고통스러운 소리를 내도 들리지 않고 어떠한 표정을 지어도 보이지 않도록 꾸민 장치였음을 확인할 수 있었죠.

코난은 밀실 살인의 트릭뿐 아니라 '왜 현장에서 미심쩍은 상황이 보이는가?'에 초점을 맞추어 분해하고 검증을 해나갔습니다. 그 결과, 코고로와 핫토리의 눈앞에서 밀실로 위장하여 이사오를 살해한 사람은 키미에였다는 결론을 내리죠.

이처럼 초기 가설에는 유일무이한 정답이 없습니다. 처음부터 단정을 짓고 집착하면 해결의 실마리를 잡지 못할 가능성이 매우 큽니다. 또한 가설을 검증하는 시간이 늘 충분한 것은 아닙니다. 〈명탐정 코난〉을 보면 알 수 있듯 시간이 흐를수록 범인이 달아나거나 의미 있는 증거가 사라질 수도 있죠.

비즈니스 현장에서도 기한이 없는 경우는 거의 없습니다. '일주일 후 마감'과 같이 기한이 명확하게 정해져 있는 업무가 대부분이죠. 하나의 가설을 검증하는 데에 너무 많은 시간을 들이면 그만큼 다른 가설을 검증하기 위한 시간이 줄기 때문에 보다 정밀도 높은 결론을 내지 못하게 될 가능성이 있습니다.

우리도 핫토리처럼 초기 가설에 집착하는 실수를 저지를 수 있습니다. 이 집착은 가설 확장을 방해하기도 합니다. 초기 가설을 부정하는 정보가 있다면 이를 유연하게 받아들이고 검토하려는 자세를 가져야 합니다. 또한 초기 가설을 세운 후에는 반드시 '더 이상 생각할 수 있는 가설은 없는가?'를 확인할 필요가 있습니다.

▶ 가설 검증 우선순위 정하는 방법

초기 가설을 확장하는 방법과 중요성을 이해하고 있다 해도 확장한 가설들을 동시에 검증하는 것은 매우 어렵습니다.

여러 개의 가설을 효율적으로 검증해나가기 위해서는 우선순위를 정할 필요가 있습니다. 이때 가설과 연관된 상황을 고려하여 다음과 같이 다섯 가지를 판단 축으로 삼아 우선순위를 정하는 것이 좋습니다.

① 이슈, 구조에 대한 물음에 답하는가?

② 그 가설의 신빙성이 높은가?
③ 검증하는 데에 얼마나 수고가 드는가?
④ 과제 해결의 효과가 큰가?
⑤ 구체적인 행동으로 이어지는가?

　놀이공원의 가설 검증을 예로 들면, 입장객 유형별과 시간
대별은 통계를 내고 있다면 바로 검증을 할 수 있으므로 우
선순위가 낮습니다. 만약 놀이공원의 경영 상태가 위태롭다
면 바로 행동으로 이어져야 문을 닫는 일이 없을 테니 ③과
⑤의 우선순위가 높아지겠죠. ④와 같이 효과가 큰 편이 좋
겠지만 다급한 상황이라면 작은 성과라도 바로 확보할 필요
가 있으므로 이럴 때는 ④의 우선순위가 내려갑니다. 반대로
경영 상태가 안정된 상태여서 조사나 대책 마련에 비용과 시
간을 들일 수 있다면 ③의 우선순위가 내려갑니다.

　이처럼 초기 가설을 확장한 후에는 현재 상황을 고려하여
우선순위를 정하고 검증해나가면 불필요한 작업을 거치지
않고 보다 빨리 정밀도 높은 업무를 수행할 수 있습니다.

- 초기 가설은 여러 개의 선택지 중 하나에 불과하다.
- 성급하게 단정 짓지 말고 가설을 확장해야 한다.

초기 가설 진화시키기

난이도★★★★★

언제, 어느 때 사용할까?
- 반론하기 어려운 제안이나 발언을 하고 싶을 때
- 생각한 행동을 보다 발전시키고 싶을 때

가설을 확장한 후에는 심화 단계에 들어갑니다. 확장한 가설을 토대로 근거가 되는 정보를 조합하고 '가설을 심화시켜' 검증하는 것을 'T자 사고'라고 합니다(그림 2). '어떻게 해야 놀이공원의 입장객 수를 늘릴 수 있을까?'를 예로 들어 가설을 심화시키는 방법을 알아보겠습니다.

가설을 심화시키려면 수집한 정보나 데이터를 기반으로 검증하여 드러난 과제를 새롭게 추가하거나 보다 구체적이고 상세하게 가설을 만드는 것이 중요합니다.

그림 2

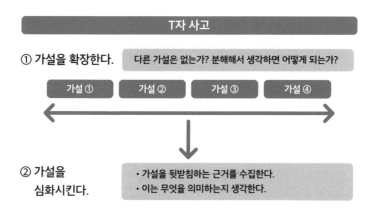

T자 사고

① 가설을 확장한다. 다른 가설은 없는가? 분해해서 생각하면 어떻게 되는가?

가설 ①   가설 ②   가설 ③   가설 ④

② 가설을
심화시킨다.
• 가설을 뒷받침하는 근거를 수집한다.
• 이는 무엇을 의미하는지 생각한다.

'입장객 유형별 추이를 보면 다른 유형에 비해 가족 동반 고객 감소가 2배 이상에 달한다.' 여기서 검증을 멈추면 가족 동반 고객의 방문이 줄었다고 말할 수 있지만, '근처에 새로운 시설이 생겼기 때문에'라거나 '인근의 가족 인구 자체가 감소했기 때문에'와 같은 반론이 나올 수도 있겠죠.

그래서 이번에는 목표로 하는 비슷한 규모의 경쟁 상대 놀이공원의 가족 동반 고객 비율과 인근의 가족 인구 비율, 놀이공원 내 가족 동반 고객의 동향을 조사했습니다. 그 결과, 경쟁 상대 놀이공원에서는 가족 동반 고객의 비율이 증가했고, 놀이공원 인근의 가족 인구수도 증가했음을 알 수 있었습니다.

이러한 정보를 수집하면 다음과 같이 정리할 수 있습니다.

'입장객 수는 전체적으로 감소 경향을 보이는데, 특히 다른 유형에 비해 가족 동반 고객 감소가 2배 이상에 달한다. 상권에서는 가족 인구수가 늘었지만, 아이와 함께 즐길 수 있는 어트랙션이나 이벤트가 부족한 점이 불만족으로 이어진 것은 아닐까. 가족 동반 고객이 증가한 경쟁 상대 놀이공원으로 우리 고객이 이동한 것으로 보인다. 가족 동반 고객을 위한 어트랙션을 설치하면 입장객 수 감소에 확실한 제동을 걸 수 있다.'

이와 같이 여러 개의 가설 중 하나에 대해 근거가 되는 정보를 수집하여 검증하고, 더 나아가 무엇을 말할 수 있고 어떤 의미가 있는지 생각하는 것을 '가설의 심화'라고 합니다.

그림 3

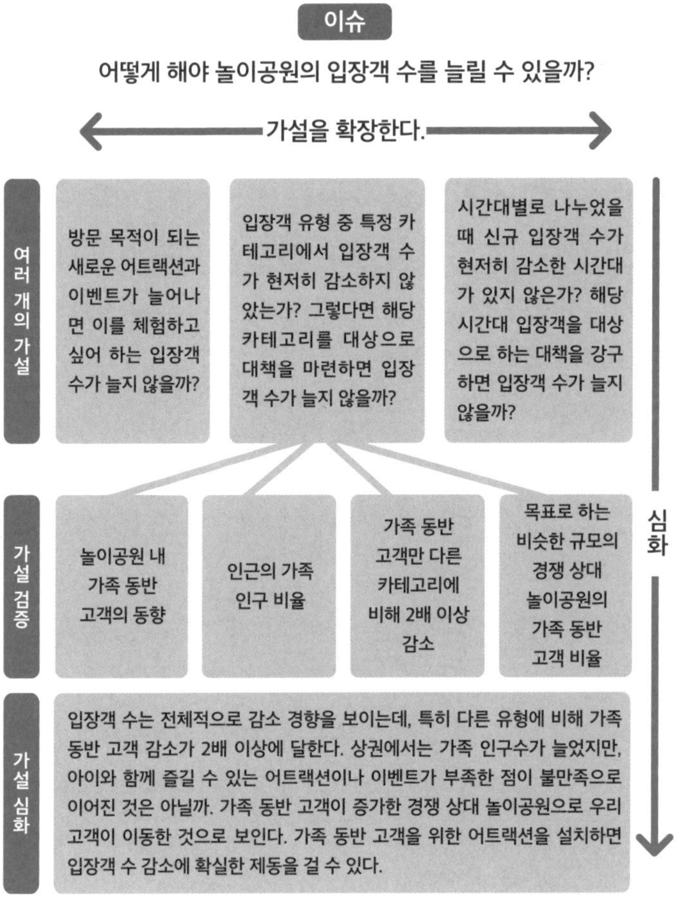

이슈

어떻게 해야 놀이공원의 입장객 수를 늘릴 수 있을까?

←──────── 가설을 확장한다. ────────→

여러 개의 가설

방문 목적이 되는 새로운 어트랙션과 이벤트가 늘어나면 이를 체험하고 싶어 하는 입장객 수가 늘지 않을까?

입장객 유형 중 특정 카테고리에서 입장객 수가 현저히 감소하지 않았는가? 그렇다면 해당 카테고리를 대상으로 대책을 마련하면 입장객 수가 늘지 않을까?

시간대별로 나누었을 때 신규 입장객 수가 현저히 감소한 시간대가 있지 않은가? 해당 시간대 입장객을 대상으로 하는 대책을 강구하면 입장객 수가 늘지 않을까?

심화

가설 검증

놀이공원 내 가족 동반 고객의 동향

인근의 가족 인구 비율

가족 동반 고객만 다른 카테고리에 비해 2배 이상 감소

목표로 하는 비슷한 규모의 경쟁 상대 놀이공원의 가족 동반 고객 비율

가설 심화

입장객 수는 전체적으로 감소 경향을 보이는데, 특히 다른 유형에 비해 가족 동반 고객 감소가 2배 이상에 달한다. 상권에서는 가족 인구수가 늘었지만, 아이와 함께 즐길 수 있는 어트랙션이나 이벤트가 부족한 점이 불만족으로 이어진 것은 아닐까. 가족 동반 고객이 증가한 경쟁 상대 놀이공원으로 우리 고객이 이동한 것으로 보인다. 가족 동반 고객을 위한 어트랙션을 설치하면 입장객 수 감소에 확실한 제동을 걸 수 있다.

"왜냐하면 그녀는… 그를 죽이지 않았으니까…….."
아무로 토오루(90권 FILE6~FILE9 〈배신의 스테이지〉)

뮤지션 하도 로쿠미치의 라이브 리허설 현장을 방문한 코난과 란, 그리고 오키야 스바루로 변장한 FBI 수사관 아카이 슈이치는 검은 조직의 일원인 아무로 토오루가 분장한 버번, 베르무트와 우연히 마주친다.

오키야가 아카이라는 사실을 들키지 않도록 현장을 떠나려고 했을 때 홀 안에 경비원의 비명이 울려 퍼진다. 그곳으로 달려간 코난 일행은 무대 위에서 기타를 맨 채 목이 매달린 하도와 마주한다.

철 막대기는 하도의 목을 로프에 매달려면 여러 명이 범행에 가담해야 할 정도로 높은 곳에 위치해 있었다.

경찰은 기자, 음반 회사 사장, 하도의 매니저 엔조 카나에를 의심하지만, 알리바이가 없는 시간이 중복되지 않아 공범 가능성은 없다고 단정한다. 그러나 여전히 누군가가 혼자서 하도를 3미터 높이에 매다는 것은 불가능해 보인다.

그렇다면 하도는 누가, 어떻게 죽인 걸까?

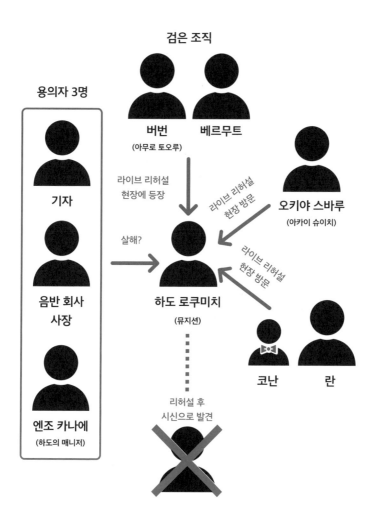

검은 조직

용의자 3명

기자

음반 회사
사장

엔조 카나에
(하도의 매니저)

버번
(아무로 토오루)

베르무트

오키야 스바루
(아카이 슈이치)

라이브 리허설
현장에 등장

라이브 리허설
현장 방문

라이브 리허설
현장 방문

살해?

하도 로쿠미치
(뮤지션)

코난

란

리허설 후
시신으로 발견

▶ '1차 데이터'의 중요성

하도는 3미터 가까운 높이에서 목이 매달린 상태로 죽어 있었습니다. 피해자를 그 위치에 매달아 놓으려면 상당한 힘이 필요한데 용의자 3명의 알리바이에서는 공범 가능성을 찾을 수 없었죠.

여기서 이슈는 '누가 하도를 죽였고 어떻게 로프로 공중에 매달았을까?'입니다. 초기 가설은 '용의자 3명 중 2명이 공범이고, 로프로 하도의 목을 매단 것이 아닐까?'입니다.

코난 일행은 초기 가설의 근거가 되는 정보를 얻기 위해 흔적을 찾아 나섰습니다. 그리고 무대 옆에 놓인 파이프 의자와 묶인 로프, 연줄 끝에 묶인 야구공, 시신이 매달린 로프에 난 구멍 등의 근거를 발견했죠. 이러한 근거를 통해 단독 범이라도 시신을 공중에 매달 수 있다는 추측에 이르렀고, 초기 가설을 부정하고 가설을 심화시켜 용의자 누구나 범인이 될 수 있다는 새로운 가설을 만들었습니다.

코난은 경찰의 탐문 조사 결과를 바탕으로 매니저인 엔조 카나에가 운송업 아르바이트를 했다는 사실과 그가 로프 매듭을 짓는 데 능숙하다는 정보를 얻을 수 있었습니다. 그리고 그 정보들을 더해 '매니저가 하도를 매단 것이 아닐까?'라고 가설을 진화시켰습니다. 또한 현장에 야구공이 있었다는 점을 근거로 3명의 용의자에게 야구 경력이 있는지 물었죠.

코난처럼 통계 결과나 정보뿐 아니라 직접 질문하여 데이터를 얻는 것을 '1차 데이터를 얻는다'라고 말합니다. 설문조사와 인터뷰도 1차 데이터에 해당하죠. 가설을 더욱 진화시키고 싶을 때 새로운 근거를 얻기 위해 사용하는 방법입니다.

그러나 코난은 용의자 중에 야구 경력이 있는 사람이 없고, 죽은 하도만이 야구부에서 강건 외야수로 활동했다는 1차 데이터를 입수한 뒤 '매니저가 하도를 매단 것이 아닐까?'라는 가설을 부정합니다.

이와 같이 가설은 검증 단계에서 부정될 수 있습니다. 중요한 것은 부정된 가설에 집착하지 않고 새로운 가설을 계속해서 만들고 진화시키는 것입니다.

▶ 과감한 해석으로 강고한 가설 세우기

코난은 머리 위에 있는 철 막대기에 로프를 거는 것은 엔조

라면 불가능하지만, 강견 외야수였던 하도라면 가능하지 않
겠냐는 생각에 이르러 새로운 가설을 세웠습니다. '사실 하도
는 자살한 것이고, 이를 발견한 매니저가 자살로 보이지 않도
록 로프로 매달았다'라는 과감한 해석을 가미한 것이죠. 즉
살인 자체는 일어나지 않았다고 가설을 진화시킨 것입니다.

  살인 사건이 일어난 현장에서는 보통 증거와 사실을 통해
누가 살해했는지를 생각합니다. 하도의 경우도 높이 매달려
있었다는 점에서 누군가가 살해했다고 생각하는 것이 일반
적입니다. 그러나 증거와 사실을 바탕으로 일반적으로 해석
하면 일반적인 가설밖에 세울 수 없습니다. 비즈니스의 경우
라면 당연한 아이디어밖에 나오지 않는 상태라 할 수 있죠.

  'Why? True?'를 기반으로 한 증거와 사실을 통해 과감하
게 해석하면 강고한 가설이 세워집니다. 과감한 해석을 통해
강고한 가설을 세우면 이를 뒷받침하기 위한 증거를 찾는 구
체적인 행동으로 연결할 수 있습니다.

  이어서 하도의 콘택트렌즈가 엔조의 등과 파이프 의자 뒤
에 하나씩 붙어 있었다는 사실이 새롭게 밝혀지죠. '하도는
자살한 것이 아닐까?'라고 과감한 가설을 세우지 않았다면
새로운 물증을 찾지 않고 엔조를 범인으로 단정하여 잘못된

판단을 내렸을 것입니다.

검증을 실시한 결과, 사건의 결말은 코난이 진화시킨 가설대로 하도가 스스로 로프를 철 막대기에 걸어 목을 매달아 자살했고, 이를 발견한 엔조가 그를 높이 매달아 살인으로 위장한 것이었습니다.

놀이공원의 예로 다시 돌아가볼까요? 가족 동반 고객이 놀이공원을 불만족스럽게 생각하고 있다는 근거가 되는 데이터가 부재한 상태입니다. 이때 놀이공원을 찾아온 가족 동반 고객들에게 인터뷰를 실시하여 1차 데이터를 얻을 수 있습니다. 과감한 해석을 통해 가설을 세우고 가족 동반 고객을 인터뷰하는 대신 경쟁 상대 놀이공원에 대해 조사하거나 편리성을 조사했다면 빗나간 분석과 대책을 세우는 결과를 초래했을 것입니다.

초기 가설을 부정한 후 가설을 더욱 진화시킬 때는 이슈에 대해 의미가 있는 가설을 세울 수 있도록 과감하게 해석하는 것이 중요합니다. 이를 통해 지금까지 나오지 않았던 아이디어가 샘솟고, 해결책을 세울 수도 있습니다.

- 일반적으로 해석하면 일반적인 가설밖에 세울 수 없다.
- 과감한 해석에서 강고한 가설이 만들어진다.

5장.
결론 내리기

결론을 내릴 때는 2단계로

언제, 어느 때 사용할까?
- 전달하려는 내용이 잘 정리되지 않을 때
- 자신의 주장과 결론을 상대방이 납득하지 않을 때

이번 장에서는 로지컬 씽킹의 마지막 단계인 결론을 내리는 방법에 대해 설명하겠습니다. 지금까지 이슈를 설정하고, 구조를 만들고, 가설 검증을 반복하는 로지컬 씽킹의 흐름을 알아보았습니다. 이 일련의 작업을 착실히 실행하면 저절로 답이 보이면서 올바른 결론에 다다를 수 있습니다.

결론을 내리는 작업은 2단계로 진행합니다.

- 1단계: 구조별로 결론을 내린다.
- 2단계: **구조별로 낸 결론을 통합하여 이슈에 대한 최종적인 결론인 답을 도출한다**(그림 1).

일반적으로는 이 방법을 통해 결론을 낼 수 있지만, 간혹 이 방법만으로 올바른 결론이 나오지 않을 수도 있습니다. 그럴 때는 지금까지 수집한 정보와 가설에 잘못된 점이 없는지 다시 한 번 검토해야 합니다. 만약 잘못된 점이 있다면 그 부분을 정정하고 다시 앞서 살펴본 순서를 거쳐야 올바른 결론에 다가갈 수 있습니다.

그림1

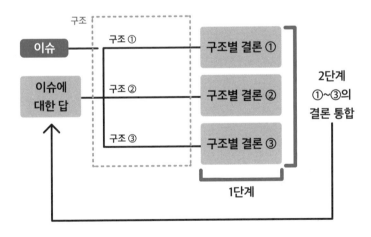

▶ 지나친 확신과 자신이 가진 정보 의심하기

회사 주력 제품의 매출을 늘리기 위한 프로젝트팀이 결성되었고, 여러분이 그 팀의 리더로 발탁되었다고 가정합시다. 기존에 타사가 보유하지 않은 새로운 기능을 탑재한 제품이 출시되면 고객에게 좋은 반응을 얻어 판매량이 증가한 사례가 있었습니다. 이제부터 과거의 성공 법칙에 따라 '새로운 기능을 탑재하면 틀림없이 제품이 잘 팔릴 것이다'라는 생각을 전제로 어떤 기능을 탑재해야 우수한 제품이 완성될지 팀원들과 논의를 시작해야 합니다.

그러나 고객은 이미 제품의 성능에 충분히 만족하고 있고, 실제로는 기존과 비슷한 수준의 성능을 갖춘 저렴한 가격의 제품을 원하고 있다고 가정합시다. 그렇다면 여러분의 팀은 새로운 기능을 검토할 것이 아니라 '그 제품을 저렴하게 만들 수 있는 방법'을 논의해야 합니다.

이처럼 '고객이 진정으로 원하는 것은 무엇인가?'에 의문을 던지지 않고 기존 방식과 정보가 옳다고 지나치게 확신하면 '제품의 매출을 늘리려면 어떻게 해야 할까?'라는 이슈의 결론에 도달할 수 없게 됩니다.

여러분도 기존의 방식과 잘못된 정보가 옳다고 확신한 나머지 일이 순조롭게 진행되지 않았던 경험이 한 번쯤 있을 것입니다. 자신의 주장이나 결론을 상대방이 납득하지 못할 때도 자신이 가진 정보가 과연 올바른지 의심해볼 필요가 있습니다.

그럼 이 책의 마지막을 장식할 코난의 사건 해결 현장에서 결론 내리기 방법을 살펴봅시다.

STORY

"틀림없어! 범인은 저 사람이야!"
에도가와 코난(7권 FILE2~FILE7 〈피아노 소나타 '월광' 살인 사건〉)

골든위크 휴일 일주일 전, 모리 탐정 사무소에 아소 케이지가 보낸 편지가 도착한다. 편지에는 '다음 보름달이 뜨는 밤에 츠키카게 섬에서 다시 그림자가 사라지기 시작한다'라는, 다소 수수께끼 같은 메시지가 적혀 있다. 그리고 며칠 후 "의뢰 비용을 보냈으니 반드시 츠키카게 섬으로 와 주세요"라는 전화가 걸려온다.

코난과 코고로, 란은 의뢰 내용을 수상하게 여기며 츠키카

게 섬으로 향한다. 그리고 아소 케이지라는 남자에 대해 알아
보기 위해 찾아간 마을 사무소에서 그가 이미 사망했다는 놀
라운 이야기를 듣게 된다.

섬 출신의 유명 피아니스트였던 아소는 12년 전 집에서 가
족을 살해하고 불을 지른 후 베토벤의 피아노 소나타 〈월광〉
을 연주하며 불길 속에서 숨을 거두었다고 한다.

이후 코난 일행이 섬에 머무는 동안 이해할 수 없는 살인 사
건이 연이어 발생한다. 친절하게 섬을 안내해준 의사 아사이
나루미도 함께 수수께끼를 풀어나간다.

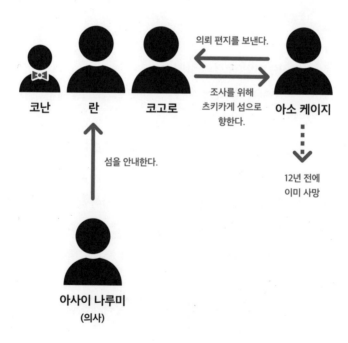

▶ 어떤 경우에도 이슈와 구조 설정하기

코난 일행이 츠키카게 섬에 도착한 후 섬에 살던 3명의 남자가 연이어 살해되는 이해할 수 없는 사건이 일어났습니다. 아소 케이지의 피아노의 저주처럼 그들의 살해 현장에서도 베토벤의 〈월광〉이 흘러나왔죠. 코난은 범인이 목적을 가지고 12년 전 사고와 관련된 살인 사건을 일으켰다고 예측하고 수수께끼를 풀어나가기 시작했습니다.

이 사건의 이슈는 '누가 범인일까?'입니다. 코난은 이슈의 답을 찾기 위해 다음과 같이 세 가지 구조를 설정했습니다.

구조 ①: 어떻게 죽였는가? (범인의 살해 방법과 트릭을 푼다.)
구조 ②: 누가 죽일 수 있는가? (범인의 알리바이 공작을 무너뜨린다.)
구조 ③: 왜 죽였는가? (범인의 동기를 찾는다.)

여기서 복습하자면, 구조란 '이슈에 대한 결론을 내리기 위해 생각해야 하는 포인트'입니다. 이 스토리의 이슈인 '누가 범인일까?'에 대해 답하고, '범인은 ○○'라고 지목하기 위해서는 구조 ①~③이 '생각해야 할 포인트'가 됩니다. 구조는 어떤 관점에서 무엇을 말하면 이슈의 답을 도출할 수 있을지를 생각하여 설정해야 합니다.

▶ 각 구조의 결론 도출하기

코난은 앞서 만든 구조 ①~③에 대해 다음과 같이 결론을 내렸습니다.

구조 ①: 어떻게 죽였는가?
    첫 번째 사건: 바다에서 피해자를 익사시킨 후 시신을 마을회관으로 끌고 갔다.
    두 번째 사건: 방송실에서 피해자의 등을 칼로 찔러 살해했다.
    세 번째 사건: 마을회관 창고에서 피해자의 목을 매달아 자살로 위장하여 살해했다.

구조 ②: 누가 죽일 수 있는가?
    세 사건은 범행 트릭과 연출이 비슷한 것으로 보아 동일범일 가능성이 높다. 범인은 트릭을 사용하여 사망 추정 시각을 꾸며냈을 가능성이 있다. 트릭을 실행할 수 있는 사람은 시신에 접근할 수 있는 사람이고, 경찰을 제외하면 검시를 진행한 의사뿐이다. 살해 방법 모두 완력이 필요하여 여자의 힘으로는 불가능하다.

구조 ③: 왜 죽였는가?

아소 케이지와 관련된 인물로, 12년 전 사건에 대해
원한을 품었을 가능성이 높다.

세 가지 구조의 답을 통해 범인은 동일범이고, 완력이 센
인물(완력이 센 여자나 여러 명의 여자가 공범일 가능성도 있지만, 현장
상황을 미루어 보아 남자 단독범일 가능성이 높다)이거나 의사, 혹은
아소 케이지와 관련 있는 인물 중 하나일 것이라고 윤곽이
잡히기 시작했습니다.

본래라면 구조의 답이 나온 시점에 이슈인 '누가 범인일
까?'에 대한 답이 나옵니다. 그러나 이 시점에는 조건에 부
합하는 인물이 없었습니다. 이때 코난은 현재 자신이 가지고
있는 정보가 모두 올바른지, 자신이 지나치게 확신하고 있는
부분은 없는지 상황을 냉정하게 돌아보았습니다.

그 과정에서 코난은 범인이 설치한 또 하나의 장치를 깨
달았습니다. 바로 섬을 안내해준 의사 아사이 나루미의 존재
였죠. 사실 아사이 나루미는 여자가 아니라 아소 케이지의
아들인 아소 세이지였습니다. 아버지가 죽은 후 어린 세이지
를 거두어준 아사이라는 사람의 성을 사용하고 있었던 것이
죠. 의사 면허에는 한자 이름을 읽는 법이 적혀 있지 않아 섬

에서는 여장을 하고 나루미라고 불리며 여자로 지내고 있었습니다.

세이지는 의사라는 직업 특성상 검시에 입회할 수 있었고, 시신의 사망 추정 시각을 속일 수 있었습니다. 일부러 완력이 필요한 수법으로 사람들을 살해하여 힘이 약한 여자로 보이는 자신은 용의선상에 오르지 못하도록 꾸며낸 것이었죠.

코난은 로지컬 씽킹의 일련의 흐름을 토대로 추리했지만 올바른 결론을 이끌어내지 못하는 상황에 빠졌습니다. 그러나 포기하지 않고 자신의 논리에 지나친 확신이나 잘못된 정보가 없는지 검토하여 올바른 결론에 도달할 수 있었습니다.

나중에 잘못된 사실을 알아차린다 해도 지금까지 많은 시간과 수고를 들인 자신의 생각을 부정하려면 큰 용기가 필요합니다. 그러나 많은 사람을 납득시킬 수 있는 강고한 논리를 만들기 위해서는 한 번 쌓아 올린 생각을 허물고 다시 만들어가는 작업을 반복하는 시간도 중요합니다.

자신의 생각을 겸허하게 돌아보는 자세가 여러분의 로지컬 씽킹 기술을 비약적으로 성장시켜줄 것입니다.

- 올바른 결론이 나오지 않는다고 좌절할 필요가 없다. 바로 그 순간이 스킬을 끌어올릴 기회다.
- 스킬은 사고의 파괴와 창조의 반복으로 단련된다.

마치며

끝까지 읽어주셔서 감사합니다.

코난은 늘 복잡하고 때로는 괴이한 사건에 휘말려도 로지컬 씽킹을 무기로 삼아 문제를 하나하나 해결해나갑니다. 그 과정은 매우 힘겹지만, 코난의 명대사처럼 "진실은 언제나 하나"입니다.

그러나 우리와 같은 평범한 사람들에게 매일 닥치는 장애물과 과제의 답은 언제나 하나뿐일 수 없습니다. 이슈가 '매출을 올리기 위해서는?'이라면 영업력을 강화하거나, 마케팅에 힘을 쏟거나, 혹은 여러 개의 서비스나 제품 중 무언가를 중단하는 것도 정답이 될 수 있으므로 진실이 하나일 수 없죠. 가는 곳마다 어김없이 사건에 휘말리는 코난의 삶도 힘겨워 보이지만, 하나뿐이 아닌 답을 찾아 늘 생각을 멈추지 못하는 우리의 삶도 참 고달픕니다.

글로비스 경영대학원이 추구하는 가치관 중에 '가능성을 믿는다'라는 말이 있습니다. 가능성을 열기 위해서는 필연적으로 능력 개발이 동반되어야 합니다. 이 책을 통해 로지컬 씽킹에 대해 익힌 뒤 업무에 활용해보세요. 무언가가 변화하고, 가능성이 열려 자신만의 길을 걸어 나갈 수 있게 된다면 더 없이 기쁠 것입니다.

앞서 '시작하며'에서 언급했듯 이 책을 집필한 것은 글로비스 경영대학원에서 '비즈니스에 필요한 것은 모두 만화에서 배운다'라는 주제로 연구를 진행한 것이 계기가 되었습니다. 능력 개발에 힘써온 3년 동안 같은 연구를 다른 각도로 접근한 소노가시라 씨의 연구팀과 티칭 어시스턴트 미야자키 씨, 연구에 협력해준 14기 동급생들, 수업 시간에 함께 논의를 펼쳐준 많은 분들 덕분에 이 책을 완성할 수 있었습니다. 정말 감사합니다.

그리고 책 구성과 내용 확인은 물론 추천의 말까지 써주신 글로비스 경영대학원 연구과장 다쿠보 요시히코 씨에게도 감사의 마음을 전합니다. 끊임없이 보내준 격려 덕분에 이 책을 세상에 내놓을 수 있었습니다.

논의를 거듭하며 MBA에서 배운 내용과 대조하고, 함께 구성을 짜고, 집필에 도움을 준 연구 프로젝트 멤버 가사노 아야노 씨, 나카가와 요시타카 씨, 구로사키 유카리 씨에게도 고마운 마음을 전하고 싶습니다. 마지막으로, 책을 써야겠다는 열정만 가득했던 아마추어를 포기하지 않고 끈기 있게 도와준 간키출판 와타나베 에리 씨에게 감사 인사를 드립니다.

이 책을 읽고 로지컬 씽킹의 재미와 능력 개발의 즐거움에 눈을 떠 100세 시대를 자신의 능력으로 개척해나가는 사람이 한 명이라도 많아지길 간절히 바라며 이 글을 마무리하도록 하겠습니다.

코난의 사건 해결 사례로 익히는 맥킨지식 로지컬 씽킹

명탐정 코난처럼 생각하라

발행일 2023년 12월 18일
1판 2쇄 2024년 5월 31일
발행처 현익출판
발행인 현호영
지은이 우에노 쓰요시
옮긴이 안선주
편　집 김동화
디자인 강지연
주　소 서울특별시 마포구 백범로 35, 서강대학교 곤자가홀 1층
팩　스 070.8224.4322

ISBN 979-11-93217-11-5

MEITANTEI CONAN NI MANABU LOGICAL THINKING NO CHOKIHON
© Tsuyoshi Ueno 2018
All rights reserved.

Originally published in Japan by KANKI PUBLISHING INC.
Korean translation rights arranged with
KANKI PUBLISHING INC. through Eric Yang Agency Inc.

*현익출판은 유엑스리뷰의 교양 및 실용 분야 단행본 브랜드입니다.
*잘못 만든 책은 구입하신 서점에서 바꿔 드립니다.

좋은 아이디어와 제안이 있으시면 출판을 통해 가치를 나누시길 바랍니다.
투고 및 제안 : uxreview@doowonart.com